Anselm Grün

Vom Burnout zum Flow

Das Buch

Kreativ sein heißt im Fluss sein. Von „Flow" sprechen die Psychologen. Sie meinen damit die effizienteste Form schöpferischer und befriedigender Arbeit. Permanenter Druck staut Energie und erzeugt Blockaden, führt zum Crash in Leib, Geist und Seele. Wenn die Quelle nicht mehr sprudelt, wenn wir nicht mehr im Fluss sind, spricht man auch konsequent von Erschöpfung. Was uns motiviert, das sind auch Bilder: Leitbilder, Vorbilder, Visionen. Sie können anspornen, beflügeln. Aber oft genug sind es auch Bilder, die in die falsche Richtung lenken und auslaugen: Bilder von Leistung, Power, Erfolg, Gewinnmaximierung, unersättlichem Mehr und Weiter, von immer höherem Einsatz. Anselm Grün, der viele Menschen begleitet, die von Stress und Burnout betroffen sind, befragt solche Bilder. Er sagt, wie sie funktionieren, untersucht sie auf ihre hemmende oder motivierende Kraft und stellt erprobte Imaginationen vor, die neue Lust am Formen und Gestalten wecken. Es sind Bilder, die Belastung reduzieren, Potentiale freisetzen und die helfen, Lust am Leben und am Arbeiten zu entwickeln.

Der Autor

Anselm Grün OSB, Dr. theol., geb. 1945, war mehrere Jahrzehnte als Cellerar verantwortlich für die ökonomischen Belange der Abtei Münsterschwarzach. Er verbindet wie kein anderer Erfahrungen zu Spiritualität und Lebenskunst mit Problemstellungen des Wirtschaftslebens und Themen aus dem Bereich der Menschenführung und Psychologie. Seine Bücher erreichen weltweit Millionenauflagen. Sein periodischer Monatsbrief „einfach leben" erreicht zahlreiche Leser (vgl. www.einfachlebenbrief.de).

Anselm Grün

Vom Burnout zum Flow

Kraftvolle Visionen
gegen Erschöpfung und Blockaden

HERDER

FREIBURG · BASEL · WIEN

HERDER spektrum Band 6722

MIX
Papier aus verantwor-
tungsvollen Quellen
FSC® C083411

© Verlag Herder Freiburg im Breisgau 2014
Lizenz Kreuz Verlag. Titel der Originalausgabe: Kraftvolle Visionen gegen
Burnout und Blockaden. Den Flow beflügeln.

Umschlaggestaltung: Verlag Herder
Umschlagmotiv: © Mauritius Images

Satz: de·te·pe, Aalen
Herstellung: CPI books GmbH, Leck

Printed in Germany

ISBN 978-3-451-06722-8

Inhalt

Einführung

Alles fließt

Wenn wir heute vom »Flow« sprechen, dann klingt das sehr modern. Es ist ein Begriff, der inzwischen nicht nur in die Psychologie Eingang gefunden hat, sondern auch in der Umgangssprache zur Beschreibung positiver Zustände, des kreativen Schaffens und des Aufgehens in einer Tätigkeit herangezogen wird. »Es fließt«, das meint quasi das Gegenteil von Erschöpfung und Überlastung, von Blockiertsein und Burnout: Man ist im Flow ganz bei sich und doch ganz intensiv bei der Sache, und das, womit man sich gerade beschäftigt, geht einem mühelos von der Hand. Das ist ein Zustand, den sich heute viele wünschen, die in eine anstrengende und komplizierte Arbeitswelt eingebunden sind. Dabei handelt es sich bei der dahinterliegenden Vorstellung um etwas ganz Altes. So modern es klingt und so gut es in die Beschreibung mancher Probleme in unserer Arbeitswelt passt: Der Begriff und die dahinterliegende Vorstellung bezieht sich auf Einsichten in die Wirklichkeit, in das Leben selbst und die Natur des Menschen, die von großen Weisheitslehrern schon sehr früh formuliert worden sind.

»Alles fließt« sagt Heraklit, der »dunkle« Philosoph Griechenlands (wahrscheinlich 544–480 v.Chr.). Dass sich alles bewegt und alles im Fluss ist, dass nichts beständig und fest ist, das ist die Grundlage seiner Philosophie. Das Sein ist im Fluss. Und nur der Mensch, der das verstanden hat, lebt seinsgemäß.

Schon lange vor Heraklit hat in China der große Weisheitslehrer Laotse vom ewigen Fließen gesprochen. Er spricht vom Urquell des Lebens, »der mühelos aus sich selber quillt«. (Backofen 16) Die Aufgabe des Menschen ist es, diesen Urquell in sich strömen zu lassen. Doch um das zu erfahren und wahrzunehmen, dazu braucht es die Haltung der Selbstlosigkeit oder – wie Laotse auch sagt – das Schweigen. »Wer aber nicht schweigen kann, der erschöpft sich.« (Ebd. 15) Wer an sich selbst festhält, wer – um es in der Sprache Meister Eckeharts zu formulieren – seiner selbst nicht ledig ist, in wem also das Ego nicht zum Schweigen kommt, der wird schnell erschöpft. Dem Selbstlosen dagegen strömt der Urquell des Lebens entgegen: »Muss es nicht so sein, dass dem Selbstlosen allein Erfüllung wird?« (Ebd. 16)

Einsichten eines modernen Psychologen

Was Heraklit und Laotse vor über 2500 Jahren den Menschen zu erklären suchten, das hat in unserer Zeit und im Blick auf unsere Lebenswirklichkeit der ungarische Psychologe Mihaly Csikszentmihalyi neu entdeckt. Er hat erkannt, dass der Mensch Glück erfährt, wenn er im Fluss ist. Und dass ihm seine Arbeit nur dann Spaß macht, wenn die Energie in ihm fließt. Der Psychologe wehrt sich freilich auch dagegen, auf diese Erkenntnis festgenagelt zu werden. Er möchte nicht als »Mr. Flow« firmieren. Daher verwendet er im Gespräch mit seiner Interviewpartnerin Ingeborg Szöllösi lieber den Ausdruck »Lebenstanz«. Er sagt: Wir dürfen uns nicht auf die Mitte fixieren, sondern sollten uns dem Tanz um die Mitte herum überlassen. Nach dem Zweiten Weltkrieg war Csikszentmihalyi aus Ungarn geflohen und hat in Italien als junger Mensch in vielen Jobs gearbeitet. Immer beschäftigte ihn dabei die Frage: »Wie können Menschen mit mehr Freude und Leidenschaft ihr Leben leben? Wie können sie effizienter und kreativer arbeiten, ohne sich in den eisernen Käfig ihres Berufs und dessen Forderungen einschließen zu lassen?«

Die Antworten, die er gefunden hat, helfen auch uns heute weiter, wenn wir über den Umgang mit aktuellen Belastungen nachdenken.

Flow ist für den ungarischen Psychologen kein Zauberwort. Flow geschieht immer dort, wo Menschen mit Hingabe und Aufmerksamkeit ihre Arbeit gerne verrichten. Dann geht alles wie von selbst. Das hat er etwa an einer alten italienischen Bäuerin beobachtet, die sich gerne auf ihre Arbeit eingelassen hat, weil die ganze Natur ihr dabei Gesellschaft geleistet hat. Flow bedeutet für Csikszentmihalyi also keine bestimmte psychische Technik oder eine Methode, sondern ein Lebensprinzip, einen Zustand, den man erreichen kann und der beschrieben wird als eine Art mühelose Bewegung in einem Strom von Energie. Es geht da zunächst einmal um Hingabe und Fokussierung auf das, was gerade ist. Immer, wenn ich mich mit ganzer Aufmerksamkeit auf das einlasse, was ich gerade tue, fließt in mir die Energie. Ich gehe dann vollkommen in dem auf, was ich tue, und erfahre eine schöpferische Freiheit. Der Psychologe beschreibt es so: »Das Ego verschwindet, die Zeit fliegt. Jede Handlung, jede Bewegung und alle unsere Gedanken ergeben sich nur aus den vorangegangenen.« Menschen vergessen in einem solchen Zustand die Müdigkeit, sogar den Hunger, verlieren alle Störungen durch die Umwelt aus dem Blick und erreichen ein Maximum an Konzentration und Kreativität. Sie fühlen sich weder überfordert noch unterfordert. Sie sind ganz bei sich und ganz bei der Sache.

Was Kreativität und Glück ermöglicht

Kreativ sein heißt im Wesentlichen nichts anderes als: im Fluss sein. Und »Flow« nennen wir einen Zustand, der Kreativität ermöglicht. Flow, das Fließen des Lebens, ist ein Weg zum Glück. Wenn wir an unsere Arbeit denken, dann ist das Fließen der Energie der Weg schlechthin, auch in unserer Arbeit Erfüllung und Glück zu finden, anstatt nur über die Last und Mühe zu klagen, die sie uns verursachen. Wenn in uns die Energie fließt, dann arbeiten wir effektiv, denn wir werden von dieser Energie getragen. Flow ist, so verstanden, die effizienteste Form schöpferischer und befriedigender Arbeit. Das unterscheidet ihn auch etwa vom Strohfeuer einer Begeisterung, die kurz auflodert und dann ebenso schnell wieder verpufft. Es unterscheidet ihn aber auch von der Verbissenheit in die Arbeit. Es gibt heute auch viele Menschen, die bezüglich ihrer Arbeit eine Manie entwickeln. Sie gehen scheinbar ganz in ihr auf. Doch sie sind zu sehr auf etwas Äußeres fixiert. Flow bezieht sich auch keineswegs nur auf die Arbeit, er kann sich auch der Kunst, dem Genuss, dem Spiel und der Muße zuwenden. Auch dort fließt das Leben, wenn ich mich darin vergesse und ganz darauf einlasse. Beschreibbar ist die besondere Form eines Glückszustands.

Wenn alles zu viel wird

Das Gegenteil des Fließens, wie wir es eben beschrieben haben, ist die Erfahrung des Burnout. Da ist nichts im Fluss. Diese Erfahrung kann mit dem Bild des Ausgetrocknetseins und mit dem Zustand fehlender Dynamik umschrieben werden. Man fühlt sich überfordert, erstarrt, blockiert. Auch Blockaden sind ja charakterisiert durch eine negative Erfahrung: Da fließt keine Energie mehr. Im Gegenteil, man hat den Eindruck, alles sei erstarrt. Man arbeitet weiter, aber es wird nur Routine. Nicht nur, dass die Energie nicht mehr fließt: Man fühlt sich vielmehr als Getriebener. Man wird von einem Termin zum anderen getrieben. Man empfindet keine Freude und keine Befriedigung mehr an dem, was man tut. Man macht zwar alles mit, aber dabei wird man immer unzufriedener, mürrischer, empfindlicher. Man begegnet den Menschen nicht mehr, sondern nimmt sie nur als Störenfriede wahr: »Was will denn der schon wieder von mir?« Die Arbeit wird einem zu viel. Die Menschen werden einem zuwider. Oft reagiert man dann unwirsch und hart. Es ist wie ein Hilferuf: »Lasst mich doch endlich einmal zufrieden. Ich kann nicht mehr und ich will auch nicht mehr!« Wenn einem die Arbeit nicht mehr leicht von der Hand geht, muss man sich anstrengen und sich zur Arbeit zwingen. Aber irgendwann wird der Kraftaufwand zu groß. Man hat keine Energie mehr. Man wirkt kraftlos. Man geht dann jeder Entscheidung und jedem Konflikt aus dem Weg. Man hat auch keine Kraft mehr, in aller Ruhe und Klarheit eine Entscheidung zu treffen. Dann trifft man eben wahllos irgendeine Entscheidung und wird dabei doch von der Angst beunruhigt, sie könne falsch sein. Man verdrängt diese Angst wieder und bleibt damit dennoch erfolglos, weil sie einen nachts bis in die Träume hinein verfolgt und einen morgens beim Aufwachen mit Gewissensbissen quält: »Hätte ich doch anders entscheiden sollen? Was wird wohl aus der Entscheidung?« Irgendwann ist einem dann alles egal. Man macht einfach weiter, ohne große Überlegung, bis gar nichts mehr geht. Manchmal brechen Menschen dann unter einer solchen Belastung zusammen. Sie erleben einen Nervenzusammenbruch. Oder sie fangen auf einmal an zu weinen und hören nicht mehr auf. Ich habe noch deutlich folgendes Bild vor Augen: Ein Manager fährt von einer anstrengenden Sitzung zum nächsten Termin. Er macht bei einer Raststätte Halt und trinkt einen Kaffee, um wach zu bleiben. Als er sich wieder ins Auto setzt, überkommt ihn ein Weinkrampf. Er weiß nicht, was mit ihm los ist. Aber jetzt ist es offenkundig: Burnout.

Dass einer in den Burnout gerät, merkt oft die Umgebung eher als der Betroffene selbst. Die Umgebung spürt, wie der Mitarbeiter oder Chef immer gereizter wird, wie er pessimistische Bemerkungen von sich gibt oder sich in Ironie oder Sarkasmus flüchtet. Lehrer, die früher ihren Beruf liebten und sich in der Schule engagierten, machen plötzlich ihre Schüler und die Kollegen herunter. Verkäufer äußern sich nur noch despektierlich und abschätzig über ihre Kunden. In zynisch abwertenden Sätzen *gegen* Menschen, *für* die man eigentlich arbeitet, äußert sich auf einmal drastischer Widerwille oder einfach nur Ablehnung: Beziehungen sind gestört und beschädigt. Solche sarkastischen Sätze war man bisher von diesem Menschen nicht gewohnt. Sie sind ein alarmierendes Zeichen dafür, dass sich in diesem Menschen eine innere Unzufriedenheit und Überforderung Luft macht.

Ein anderes Kennzeichen ist chronische Erschöpfung und Müdigkeit. Wenn jemand sagt: »Ich bin so müde. Ich habe keine Lust mehr. Alles hängt mir zum Hals heraus«, dann kann auch das auf einen nahenden Burnout hinweisen.

Das Phänomen des Burnout zeigt sich nicht nur in zunehmender Kraftlosigkeit, in Antriebsschwäche und Lustlosigkeit, sondern häufig auch in Depressionen, die den Betroffenen überfallen. Man spricht auch von Erschöpfungsdepression. Ein solcher Zustand raubt einem jeden Antrieb und jede Kraft. Man möchte sich nur noch vergraben in den eigenen vier Wänden. Man möchte keinen

Menschen mehr sehen. Alles ist zu viel. Alles verdunkelt sich. Man erfährt zunächst Ineffektivität und Sinnverlust am Arbeitsplatz und sieht am Ende in allem keinen Sinn mehr. Jetzt ist die Situation schon sehr kritisch.

Wenn sich Blockaden häufen

Bevor es zur Depression kommt, kündigt sich der Burnout in Blockaden an. Man fühlt sich blockiert. Blockaden zu haben ist nicht ungewöhnlich. Das ist eine Erfahrung, die wohl jeder einmal macht. Man soll einen Text fertigmachen und hat auf einmal eine Schreibblockade. Da will nichts fließen. Oder man hat eine Gedankenblockade und weiß gerade nicht weiter. Man ist in einer Sitzung nicht kreativ. Man weiß auf einmal nicht, was man sagen soll. Ein bestimmtes Wort, ein bestimmter Name fällt einem nicht mehr ein. Das sind Blockaden, die jeder kennt. Das Besondere und Unterscheidende beim Burnout: Solche Blockaden mehren sich. Und auf einmal ist man völlig gelähmt. Nichts geht mehr von der Hand. Und vor allem: Alles braucht soviel Kraft – seelische und körperliche.

Von außen kann man oft erkennen, ob jemand gefährdet ist, in den Burnout zu geraten. Viele geben ihre Gefährdung nicht zu. Aber man spürt: Da arbeitet einer wie besessen, aber er wird immer unzufriedener und empfindlicher. Er nimmt keine Einladung mehr zu Freunden an. Er hat keine Zeit mehr. Immer schiebt er Termine vor, die er zu erfüllen hat. Wenn man ihm begegnet, hat er keine Zeit, nicht einmal für ein kurzes Gespräch. Er muss schon zum nächsten Termin. Man merkt ihm die innere Spannung an. Er sieht schlecht aus. Da ist keine Gelassenheit, sondern Verkrampfung und Anspannung. Dazu kommt etwas anderes: An immer mehr Anzeichen spürt man, der andere hat zu nichts mehr wirklich Lust. Alles wird ihm zur Last, nicht nur die Arbeit, sondern auch das Zusammensein in der Familie, mit den Kindern, die kleinen Hausarbeiten. Immer öfter gibt es Streit. Die Kinder merken, wie angespannt der Vater, die Mutter ist. Sie fordern Aufmerksamkeit, bekommen aber Ablehnung. Das schaukelt sich hoch, führt zu Spannungen und wird zu einer neuen Quelle von Belastung.

Gefühllosigkeit und Frustration

Ein Phänomen, das die Burnout-Gefährdung anzeigt, ist eine sich steigernde Gefühllosigkeit. Man fühlt nichts mehr bei der Arbeit, bei den Gesprächen mit den Mitarbeitern, mit den Kunden. Ja, selbst die Gespräche mit Freunden werden immer gefühlloser und leerer. Die anderen spüren den Druck, unter dem dieser Mensch steht. Oft sind es Menschen, die sich bei allem, was sie tun, unter Druck setzen. Für sie ist der Druck, den sie dann in der Arbeit erfahren, eine Fortsetzung des inneren Drucks, unter den sie sich ständig setzen. Sie können den Druck nicht als sportliche Herausforderung nehmen, die ihre Energie zum Fließen bringt, sondern lassen sich von diesem Druck erdrücken oder auspressen. Sie erleben ihn wie ein Damoklesschwert über sich. Sie haben zum Beispiel ständig den

Eindruck, dass sie dem Druck nicht genügten, dass sie nicht gut genug seien für den Chef, der sie unter Druck setzt. Diese Art von Druck ist, vor allem auf Dauer, kein euphorisierender Stimulus, sondern er staut die Energie in uns, er erzeugt Blockaden und führt zum Crash im Leib, in der Seele und im Geist. Wenn die Quelle überhaupt nicht mehr sprudelt, wenn wir nicht mehr im Fluss sind, spricht man auch konsequent von Erschöpfung oder eben vom Burnout.

Burnout gibt es aber nicht nur in der Berufswelt, sondern auch in zwischenmenschlichen Beziehungen, in der Partnerschaft, in einer Gemeinschaft, in einem Verein, in einer Gemeinde. Keineswegs sind es nur Menschen, die zur Gefühlsarmut oder Gefühlskälte neigen, die in das lähmende Umfeld eines Burnout geraten können. Ursprünglich kommt der Begriff »Burn-out« von engl. to burn, brennen. Und gerade dort, wo Menschen brennen, wo sie voller Begeisterung und Idealismus sich für andere einsetzen, dort sind sie auch in Gefahr, auszubrennen. Der Begriff wurde nicht von ungefähr aus dem Milieu der sozialen Berufe heraus entwickelt. Er wurde in der Beschreibung von gesundheitlichen Problemen bei diesen Berufsgruppen in Studien erstmals verwendet. In solchen Berufen engagieren sich Menschen oft aus Idealismus für andere. Umso frustrierender ist es für sie, wenn sie dafür keinen Dank erhalten. Die Enttäuschung macht sie irgendwann bitter. Und wenn dann noch die mangelnde Anerkennung ihrer eigenen Vorgesetzten dazukommt, führt das dazu, dass ihr inneres Feuer erlischt und sie ausbrennen.

Abwehr und Erschöpfung

Wenn dann ein Freund den Burnout-Gefährdeten anspricht, wehrt er ab. Er schimpft auf die Firma oder auf die Belastung daheim. Die anderen sind schuld, dass es ihm momentan nicht so gut geht. Aber das wird sich schon wieder geben. Oder er findet Ausreden: Ja, momentan ist es etwas viel. Aber jetzt kommt bald der Urlaub. Dann wird alles wieder gut. Das ist jedoch eine Fehleinschätzung. Er geht in Urlaub, aber er erholt sich nicht. Er kommt vom Urlaub genauso angespannt zurück. Der Urlaub ist misslungen. Das Wetter war nicht so gut, die Pension hat nicht gehalten, was sie versprochen hat. Es gab Streit mit dem Ehepartner. Man hat nicht gut geschlafen. Die Probleme in der Firma, die innere Unzufriedenheit und die Zerrissenheit haben ihn auch im Urlaub verfolgt. Jetzt kehrt er zurück zur Arbeit und gerät in Panik, wenn er an alles denkt, was da erneut auf ihn einströmt. Die Panik äußert sich dann manchmal in Angstattacken. Oder aber man wird depressiv. Man denkt gar an Suizid. Man sieht keinen Ausweg mehr. Aber man will sich auch nicht eingestehen, dass man am Ende ist. Nur wenn gar nichts mehr geht, dann wagt man doch den Gang zum Arzt. Aber man sagt ihm nicht die ganze Wahrheit. Der Arzt soll einen nur mal eine Woche krankschreiben, dann wird es schon wieder gehen. Doch es geht nicht. Und ein guter Arzt wird sich nicht damit zufriedengeben, den Patienten nur krankzuschreiben. Er wird ihm die Diagnose »Burnout« stellen, oder, wie es in der konventionellen ärztlichen Sprache heißt, ihm eine Erschöpfungsdepression attestieren.

Statt von »Burnout« sprechen wir im Deutschen in der Tat oft auch von »Erschöpftsein«. Das hängt mit dem Bild der Quelle zusammen, aus der wir schöpfen. Wir sind erschöpft, wenn die Quelle versiegt oder wenn die Quelle trüb geworden ist, wenn sie uns nicht mehr erfrischt, sondern nur noch als kleines Rinnsal in uns läuft. Das Bild des Flow, des Fließens, passt eher mit dem Bild des Schöpfens zusammen. Wenn wir aus inneren Quellen schöpfen, die unerschöpflich sind, werden wir nicht so leicht erschöpft sein.

Bei der Verwendung des Begriffs zeigt sich auch eine Gefahr: Inzwischen spricht man gern bei fast jeder Belastung, die man beruflich oder privat erlebt, vorschnell von Burnout. Doch nicht jede zeitweilige Überlastung führt zum Burnout. Über die Unterscheidung von Stress und Burnout wird noch zu sprechen sein. In der Psychologie bzw. der Medizin ist »Burnout« bisher keine allgemeinverbindlich festgelegte Beschreibung eines klinischen Krankheitsbildes. Weil Burnout oft mit depressiven Verstimmungen verbunden ist, sprechen Psychologen manchmal lieber von Erschöpfungsdepression. Die Krankheit ist nach dieser Definition nicht Burnout, sondern die Depression, die aber durch die Erschöpfung hervorgerufen werden kann.

In diesem Buch geht es nicht nur darum, das Phänomen des Burnout zu beschreiben und wie Menschen es in verschiedenen Lebenszusammenhängen erfahren, sondern auch darum, konkrete Hilfen gegen diese dauerhafte Erschöpfung aufzuzeigen. Es geht dabei um Möglichkeiten der Selbsthilfe und Selbstfürsorge, um nicht krank zu werden. Dabei sind mir die Bilder wichtig. Negative Bilder können zum Burnout führen, gute Bilder zu aktivieren kann hingegen eine Hilfe sein, mich mit meinen inneren Quellen in Berührung zu bringen, aus denen ich schöpfen kann, ohne erschöpft zu werden. Dabei geht es um persönliche Bilder, aber auch um Bilder, die mir von außen übergestülpt werden, und um Bilder, die etwa die Institution prägen, in der ich lebe und arbeite. Bilder, die in der Gesellschaft hochgehalten und uns aus allen möglichen Kanälen, auch aus den Medien entgegenströmen, können den Burnout verstärken. Daher ist es wichtig, heilende und motivierende Bilder zu finden und zu verankern, die uns davor schützen, auszubrennen.

Im Hintergrund unseres Tuns stehen oft Bilder, die uns stimulieren, anspornen und beflügeln sollen. Aber oft genug führen solche Bilder in die falsche Richtung und laugen aus: Leitbilder können uns auch verleiten, das Falsche zu tun. Es sind innere Bilder, aber auch »offizielle« Bilder, die von der Gesellschaft vorgegeben, von den Medien verbreitet oder in Firmenleitlinien festgeschrieben sind.

Wir wollen in diesem Buch Bilder in ihrer doppelten Kraft, in ihrer aufbauenden aber auch auslaugenden Wir-

kung ernst nehmen und sie befragen, wie sie auf uns ein-
wirken, welche hemmende oder motivierende Kraft von
ihnen ausgeht. Und es wird schließlich darum gehen, Bilder für uns zu finden, die den Flow beflügeln und neue
Lust am Formen und Gestalten wecken, die Belastungen
reduzieren und Potenziale in uns freisetzen, die helfen,
Verantwortung zu übernehmen und Lust am Leben und
am Arbeiten zu entwickeln.

Bilder, Visionen, Visualisierungen, Rituale

In der Psychologie unterscheiden wir zwischen Bildern,
Visionen und Visualisierungen. C. G. Jung hat den Begriff
des archetypischen Bildes geprägt. Archetypische Bilder
zentrieren den Menschen auf sein Selbst hin. Sie haben eine
heilende und ganzmachende Wirkung. Allerdings warnt
Jung davor, sich mit archetypischen Bildern zu identifizieren. Denn dann wird man blind für seine eigenen Bedürfnisse, die man dann unter diesem Bild auslebt. Ein archetypisches Bild ist z.B. das des Helfers und des Heilers.
Doch wenn ich mich beim Gespräch mit einem Hilfesu-
chenden mit dem Bild des Heilers identifiziere und meine,
ich könnte den andern durch meine Nähe und Zärtlichkeit
und Liebe heilen, merke ich gar nicht, wie ich mein eigenes
Bedürfnis nach Nähe unter dem Deckmantel des archetypischen Bildes ausagiere. Das Bild des Heilers kann mich
durchaus mit den heilenden Kräften meiner Seele in Berührung bringen. Dann ist es heilsam für mich und für den
andern. Aber ich darf mich nicht mit diesem Bild identifi-

zieren. Sonst – so sagt C.G. Jung – blähe ich mich innerlich auf. Es gibt eine seelische Inflation, die mich blind macht für meine eigene menschliche Begrenztheit.

Nicht jedes Bild ist ein archetypisches Bild. Aber jedes Bild kann in verschiedener Intensität auf den Menschen wirken. Die Wirkung ist umso stärker, je mehr das äußere Bild auf innere Bilder stößt. Jeder trägt in sich innere Bilder, die sich in seiner Lebensgeschichte in ihm gebildet haben. Dabei sind die Bilder besonders wichtig, die uns als Kinder geprägt haben, denn sie sind besonders tief verwurzelt. Bilder bringen uns in Berührung mit dem Potenzial an Fähigkeiten, die in uns stecken, und mit der Quelle der Energie auf dem Grund unserer Seele.

Von Visionen spricht man in zweifachem Sinn. Das eine sind die Visionen, von denen die Mystik berichtet. Es sind innere Bilder, die über uns kommen. Diese Visionen beschränken sich nicht auf ein Bild allein, sondern sind oft eine ganze Abfolge von Bildern, von Geschehnissen, die vor unserem inneren Auge ablaufen. Die Mystik berichtet von solchen Visionen, ist aber zugleich kritisch ihnen gegenüber. Denn sie kennt die Gefahr, sich mit solchen Visionen selbst in den Mittelpunkt zu stellen und sich als etwas Außergewöhnliches zu fühlen. In der Wirtschaft spricht man Visionen, die etwa eine Firma für ihre Zukunft haben sollte. Diese Visionen sind in die Zukunft gerichtet. Es sind Bilder, die das Ziel einer Firma beschreiben: In diese Richtung sollte sich die Firma entwickeln.

Visualisierung ist eine psychologische Übung. Man spricht dabei auch von Imagination. Man stellt sich bestimmte Bilder vor und lässt sie auf sich wirken. Man stellt sich zum Beispiel vor, dass man über eine grüne Wiese geht und sich ganz ruhig fühlt. Dann geht man in eine Kapelle und setzt sich hinein. Dabei beobachtet man, welche Bilder und Gefühle in einem hochsteigen. Ähnlich arbeitet die Imagination, die man in der Medizin verwendet. So stellen sich Krebskranke vor, wie die weißen Blutkörperchen die Krebszellen auffressen und ausscheiden. Oder man stellt sich vor, dass Gottes heilende Kraft in die Krebszellen eindringt und sie heilt. Visualisierung und Imagination arbeiten also mit Bildern, die man sich selbst vorstellt, um eine bestimmte Wirkung in einem zu erzeugen.

Rituale sind konkrete Übungen, die uns in Berührung mit uns selbst bringen möchten. Wenn ich in diesem Buch Rituale vorschlage, dann verbinde ich die Rituale oft mit Bildern und Visualisierungen. Mit Ritualen können innere Bildern eingeübt und verankert werden. Dazu braucht es eine bestimmte Zeit, die ich mir nehme, wenn ich ein Ritual praktiziere. Es ist eine heilige Zeit, eine Zeit, die mir gehört und die mich heilen möchte. Im Verständnis der antiken Griechen war das Heilige immer auch das Heilende. Das griechische Wort »hagios« führt im Deutschen zum »Hag«, zum abgegrenzten Bezirk, der mir gehört. Auch das deutsche Wort »behaglich« stammt übrigens aus dieser Wurzel. Dort, wo das Ritual eine heilige Zeit und einen heiligen Ort für mich schafft, fühle ich mich behaglich, geborgen, geschützt. Die Rituale in diesem Buch möchten dem Leser oder der Leserin helfen, die gesunden Bilder und Vorstellungen in die eigene Seele einzuprägen, krankmachende Bilder zu verwandeln und einen Weg zu zeigen, wie die innere Energie zum Fließen kommt.

Achtsam sein –
Mit Stress umgehen lernen

Eustress und Distress

Für den, der an Burnout leidet, ist alles stressig. Trotzdem ist festzuhalten: Stress ist nicht mit Burnout gleichzusetzen. Aber Stress kann durchaus zu Burnout führen, wenn andere innere oder äußere Bedingungen hinzukommen. Anspannung und Druck sind zunächst einmal nichts Ungewöhnliches. Aber in unserer modernen Gesellschaft mit ihrer Hektik, ihren dauernden Veränderungen und vielfältigen Anforderungen gehören sie in einem anderen Maß als in früheren Generationen zu unserem Leben. Wenn wir von Stress sprechen, ist das nicht eindeutig. Die Psychologie unterscheidet nicht umsonst zwischen Eustress und Distress. Es gibt eine gute Spannung, die uns lebendig hält (Eustress), und eine Spannung, die uns überfordert. Von Distress spricht man immer, wenn die äußeren oder inneren Anforderungen uns über unser Maß hinaus belasten. Natürlich sprechen wir meistens von der Arbeitswelt, wenn von Stress die Rede ist. Wir werden ständig unter Druck gesetzt, noch mehr und noch schneller zu arbeiten. Häufig vermischt sich der Druck, unter den man uns von außen setzt, mit unserer eigenen inneren Tendenz, uns bei allem, was wir tun, unter Druck zu setzen. Stress verursacht aber nicht in erster Linie die Menge der Arbeit, sondern die Anforderungen, die uns das Leben stellt: Manchmal sind es belastende Situationen wie eine chronische Krankheit, Müdigkeit, eine psychische Belastung oder die Belastung durch Konflikte in der Familie, durch Probleme mit den Kindern, durch eine Ehekrise oder Ehescheidung. Der Tod lieber Menschen stellt auch so eine Belastung dar.

Achtsam sein auf die Ursachen

Jeder von uns kennt Stress. Viele klagen über Stress. Doch das bloße Jammern hilft nicht weiter. Der erste Schritt, auf den Stress zu reagieren, besteht darin, achtsam zu sein und nach den Ursachen zu fragen: Ist es wirklich die Menge der Arbeit? Dann müsste ich versuchen, sie zu reduzieren. Sind es die Belastungen von außen: Verlust eines lieben Menschen, Konflikte in der Familie oder Partnerschaft oder in der Firma? Die äußeren Belastungen kann ich nicht einfach aus der Welt schaffen. Sie sind da. Ich muss mich ihnen stellen. Aber wie ich darauf reagiere, das hängt von mir ab. Durch eine andere Reaktion kann ich den Stress vermindern.

Ein konkretes Beispiel: Eine Frau erzählte mir: »Die Arbeit in der Firma strengt mich so an, dass ich nicht mehr genügend Energie habe, daheim für die Familie zu sorgen. Ich laufe ständig mit einem schlechten Gewissen herum, für meine Kinder und für meinen Mann nicht genügend Zeit und vor allem nicht genügend psychische Kraft zu haben, um mich ihnen ganz zuzuwenden. Ich werde immer dünnhäutiger.« Sie fragte mich: »Wie kann ich mit dieser Situation, mit diesem belastenden Gefühl umgehen, was kann ich tun, um nicht in die Gefahr eines Burnout zu kommen?«

Auch ihr habe ich geraten, was ich eben gesagt habe: Zunächst geht es darum, achtsam zu sein, genau zu analysieren, was uns so anstrengt. Ist es die Quantität der Arbeit? Sind es die unklaren Verhältnisse in der Firma? Sind es die vielen Entscheidungen, die zu treffen sind? Oder der Druck, der von der Firmenleitung ausgeht? Wer die genaue Ursache erkannt hat, kann sich überlegen, wie anders auf den Druck, auf die Unklarheit, auf die Erwartungen von außen zu reagieren wäre, ohne dass man sich erneut unter Druck setzt. Ich rate Menschen, die über Stress klagen, sie sollten schauen, wo sie sich abgrenzen und schützen müssen. Und ich habe der Frau ganz konkret vorgeschlagen: Wenn Sie nach Hause kommen, dann schließen Sie bewusst die Tür der Arbeit. Betrachten Sie Ihre Hinwendung zu den Kindern nicht als Arbeit. Freuen Sie sich vielmehr darauf, dass Sie eine Familie haben, dass die Kinder andere Aspekte in Ihr Leben bringen. Sie sollen nicht mit einem schlechten Gewissen herumlaufen. Sie sollen gar nicht so viel für Ihre Kinder und Ihren Mann tun. Sie sollen einfach nur da sein. Vertrauen Sie darauf, dass Sie so, wie Sie sind – ohne dass Sie viel leisten – ein Segen für Ihre Familie sind. Sie geben, was Sie können. Beten Sie darum, dass das, was Sie geben, für die Kinder zum Segen wird, dass es sie herausfordert, die eigenen Kräfte in sich zu entwickeln. Wenn Sie sich dünnhäutig fühlen, dann sorgen Sie besser für sich selbst. Umarmen Sie sich selbst. Nehmen Sie das verletzte und dünnhäutige innere Kind in Ihre Arme und gehen Sie liebevoll damit um. Erlauben Sie sich, so zu sein, wie Sie sind. Aber vertrauen Sie zugleich darauf, dass Gottes heilende Nähe Sie umgibt und Sie bewahrt vor der bedrängenden Nähe der Menschen, von ihren Ansprüchen und Erwartungen.

Es ist wahrscheinlich, dass die Erfahrung, von der die Frau mir erzählte, nicht ungewöhnlich ist. Und wohl jeder Arbeitnehmer wird einmal sagen: Ich habe gerade Stress in der Firma. Wenn ich in der Firma Stress habe, so ist die erste Frage: Kann ich etwas an meiner Einstellung ändern? Und: Wie könnte ich anders reagieren?

Vier Schritte, um mit Druck gut umzugehen

Der erste Schritt ist: mit mir selbst in Berührung kommen. Beim Stress gebe ich äußeren Faktoren zu viel Macht über mich. Ich lasse mich von außen bestimmen und verliere die Beziehung zu mir. Ich komme mit mir selbst in Berührung, wenn ich meinen Atem spüre, meinen Leib spüre, wenn ich es genieße, bei mir zu sein. Dann kann ich mir vorsagen: Ich bin jetzt ganz bei mir, ganz in diesem Augenblick. Niemand will jetzt etwas von mir. Ich gehe auf die Arbeit, auf die Probleme zu. Aber ich lasse mich nicht treiben oder hetzen.

Der zweite Schritt: Ich überprüfe meine Einstellung und befrage mich selbst. Möchte ich vielleicht bei allen beliebt sein, es allen recht machen? Bin ich bedürftig nach Zuwendung, Bestätigung, Anerkennung? Indem ich mir meine Bedürftigkeit eingestehe, kann ich sie auch relativieren. Ich darf mich nicht wegen meiner Bedürftigkeit oder Empfindlichkeit beschimpfen. Dann erhöhe ich nur den Stress. Ich muss sie zugeben. Aber dann kann ich mich auch jetzt in diesem Augenblick davon distanzieren. Jetzt ist es mir nicht so wichtig, was die anderen von mir denken. Jetzt traue ich meinem eigenen Gefühl. Jetzt weiß ich mich von Gott getragen, von Gott angenommen. Das befreit mich von dem Druck, bei allen beliebt sein zu müssen.

Der dritte Schritt: Ich frage mich, aus welcher Quelle ich schöpfe. Ist es die trübe Quelle von Perfektionismus, Ehrgeiz, Mich-Beweisen-Müssen? Vielleicht ist der Stress dadurch bedingt, dass ich aus einer trüben Quelle schöpfe. Dann könnte ich versuchen, durch all diesen trüben Quellen hindurch an die klare Quelle auf dem Grund meiner Seele zu gelangen. Die klare Quelle ist die Quelle des Heiligen Geistes. Sie könnte mich inspirieren, nach anderen Lösungen zu suchen und einen Weg zu finden, der gangbar ist.

Der vierte Schritt: Ich überlege, wo die Arbeit objektiv zu viel ist, ob ich zu lange arbeite. Dann ist es meine Aufgabe, manches abzuschneiden und zu reduzieren. Viele sagen, dass das nicht gehe. Natürlich gibt es immer noch mehr zu arbeiten. Das gilt für den Haushalt genauso wie für die Arbeit im Büro. Mir selbst hilft, wenn ich den Stress als Belastung spüre, etwas ganz Einfaches. Ich begrenze einfach die Zeiten, in denen ich arbeite. Ich versuche, in dieser Zeit effektiv zu arbeiten. Aber ich kann dann auch die Zeiten genießen, die ich für das Gebet, für die Stille, für das Lesen reserviere. Ein guter Weg der Zeitbegrenzung sind dann die Rituale, die eine heilige Zeit für mich schaffen. Die heilige Zeit gehört mir. Darüber darf niemand verfügen. Wenn ich trotz der vielen Arbeit täglich meine heilige Zeit habe, die mir gehört, kann ich aufatmen. Ich fühle mich frei. Täglich erlebe ich dankbar diesen Freiraum. Der bringt auch ein Stück Freiheit in die Zwänge der Arbeitswelt hinein. In der Firma muss ich mich dann wieder vielen Anforderungen stellen. Aber mit der Erfahrung dieser freien Zeit und dieser inneren Freiheit in mir gehe ich anders an die Erwartungen von außen heran. Ich lasse mich davon nicht bestimmen oder erdrücken. Ich gehe selbst auf sie zu. Und bei allem, was ich tue, spüre ich immer wieder die innere Freiheit. Für mich ist es dabei eine Hilfe, mir vorzustellen, dass in mir ein Raum der Freiheit ist, ein heiliger Raum, in dem Gott in mir wohnt. Zu diesem Raum haben die Erwartungen der Menschen keinen Zutritt. Da stehe ich nicht unter Druck. Da bin ich ganz ich selbst.

Unser Maß finden

Jeder von uns wird immer wieder einmal mit dem Phänomen Stress konfrontiert. Wenn er zu stark wird, rebelliert der Leib dagegen. Bei dem einen reagiert der Reizmagen. Der andere bekommt einen Hörsturz oder Bandscheibenprobleme. Bei anderen reagiert die Haut mit Ausschlag. Andere fangen sich ständig Erkältungen ein. All das sind Alarmsignale des Körpers. Aber es muss noch kein Burnout sein. Wir sollten solche Signale wahrnehmen, auch wenn sie noch nicht im dramatischen oder bedrohlichen Stadium eines Burnout sind.

Wir sollten dankbar sein, wenn der Körper reagiert. Er zwingt uns dann, besser mit uns umzugehen, an unserer inneren Einstellung zu arbeiten oder das Pensum an Arbeit zu reduzieren. Es ist immer eine Gratwanderung. Wir sollen uns herausfordern lassen durch die Anforderungen des Lebens. Das hält uns lebendig und stärkt uns. Aber es gibt auch eine Überspannung. Es braucht ein feines Gespür, um zu erkennen, wo die Spannung Leben spendet und wo sie Leben behindert. Es ist gut, wenn wir uns nicht nur gerade dann, wenn wir die Anspannung körperlich spüren, sondern überhaupt von Zeit zu Zeit Stille gönnen, in der wir uns einfach hinsetzen, auf unsere Seele und unseren Leib hören und uns fragen, ob das, was wir gerade leben, stimmig ist, was uns gerade unter Druck setzt und was uns niederdrückt. Dann können wir überlegen, wie wir darauf reagieren.

Burnout ist, wie gesagt, etwas anderes als Stress. Stress *kann* krank machen, wenn wir nicht richtig mit der Spannung umgehen und unser Maß nicht finden. Aber auf Stress können wir noch leichter reagieren, wenn wir achtsam darauf sind, was ihn verursacht hat. Burnout ist schon Ausdruck von Krankheit, da verlieren wir dann jede Spannung und sind nur noch erschöpft. Wir verlieren die Hoffnung und die Aussicht, überhaupt noch mit Belastungen umgehen zu können. Deswegen ist es aber auch wichtig, auf die Bedingungen zu achten, die oft im Verbund miteinander und meist in einem kaum merkbaren Prozess zum Burnout führen. Auf diese Bedingungen will ich im nächsten Kapitel eingehen.

RITUAL

Wenn du das Gefühl hast, dass Hektik und Stress deinen Alltag bestimmen, dann versuche ganz bewusst, gegenzusteuern. Versuche dein Leben bewusst zu entschleunigen und dich in eine Langsamkeit einzuüben, die dir gut tut.

Suche dir jeden Tag einen kleinen Weg aus, den du bewusst langsam gehst. Das kann das Treppensteigen sein. Es kann der Weg zum Briefkasten sein, der Weg in den Garten. Es kann ein Weg sein, den du sowieso jeden Tag gehst. Es kann aber auch ein Weg sein, den du bewusst als Ritual gestaltest, indem du eine Runde in deinem Garten drehst.

Versuche einmal, ganz langsam zu gehen, Schritt vor Schritt zu setzen, mit deinen Händen den Lufthauch zu spüren. Es ist gut, wenn du dabei für dich allein bist, ohne Zuschauer. Aber indem du extrem langsam gehst, spürst du, was es heißt, ganz im Augenblick zu sein, was es bedeutet, Schritte zu tun, zu gehen, die Welt zu erleben. Du bist ganz in deinem Gehen. Du musst nichts leisten. Du musst dich nicht konzentrieren. Du wirst sehen, dass das extrem langsame Gehen dich innerlich verlangsamt, wie du in deinem Herzen ankommst.

Wenn du das täglich übst, wirst du eine Veränderung in dir feststellen. Du kannst den langsamen Weg entweder an eine bestimmte Zeit – am Morgen, am Abend beim Nachhausegehen von der Arbeit –

oder an einen bestimmten Ort – den Flur deiner Wohnung, das Treppenhaus, den Gang zum Briefkasten – binden. Dann wirst du jeden Tag etwas von der Verlangsamung deines Lebens spüren. Es wird dir neue Kraft geben auch für die Arbeit, bei der es dann durchaus schnell gehen darf.

Fünf Ursachen von Burnout

Ein Prozess, der in die Krise führt

Wenn ich Menschen begleite, deren seelischer und körperlicher Zustand von dem geprägt ist, was wir als Burnout beschrieben haben, dann höre ich von ihnen selbst als erste Begründung für ihre Erschöpfung oft: »Ich bin ausgebrannt und leide an Burnout, weil ich zu viel gearbeitet habe.« Dann antworte ich: »Das klingt jetzt sehr schön. Wahrscheinlich möchten Sie meine Bewunderung, dass Sie soviel gearbeitet haben, oder mein Mitleid, dass Sie soviel arbeiten mussten. Aber leider glaube ich Ihnen nicht, dass Sie durch die Arbeit in den Burnout kamen. Die Ursachen sind immer anderswo zu suchen.« Meist schaue ich dann in ungläubige Gesichter. Ich versuche dann klarzumachen: Um Burnout zu verstehen, ist es wichtig, die Entwicklung zu beobachten, die zu dieser Krise geführt hat. Burnout trifft einen ja nicht plötzlich, wie ein plötzlicher und nicht vorhersehbarer Unfall auf der Straße. Man ist ja nicht auf einmal ausgebrannt. Es gab Anzeichen und Symptome. Was jetzt sichtbar ist, hat sich lange angekündigt. Manchmal war man überfordert. Doch dann hat man sich wieder gut erholt. Doch irgendwann hat der Urlaub oder das zeitweilige Ausspannen nicht mehr geholfen. Man hatte keine Energie mehr, keine Lust mehr zu arbeiten. Wenn man an die Arbeit dachte, kamen sofort Angstgefühle: Ich schaffe es nicht, das ist alles zu viel. Oft hat dann der Körper reagiert mit Angstschweiß, mit Schlaflosigkeit, mit chronischer Müdigkeit. Es ist gut, diesen Prozess zu beobachten und dann genau nach den Gründen, den inneren und äußeren Ursachen, zu fragen, die dazu geführt haben, dass es zum Zusammenbruch gekommen ist.

Für mich sind es vor allem fünf Ursachen, die zum Burnout führen. Natürlich könnte man auch noch andere Ursachen finden. Aber nach meinen Beobachtungen von Betroffenen und aus meiner Erfahrung im Umgang mit ihnen haben sich diese fünf Ursachen oder auch Muster immer wieder gezeigt.

Perfektionismus und selbst gemachter Druck

Wir haben schon von den trüben Quellen gesprochen, aus denen wir schöpfen. Zum einen schöpfen wir aus trüben Quellen, die in uns selber sind. Eine trübe Quelle ist etwa der innere Druck, dem wir uns aussetzen und den wir uns selbst machen. Da ist etwa der Perfektionismus. Etwas gut oder gar perfekt zu machen, ist ja durchaus etwas Gutes. Doch wenn ich alles 150-prozentig machen möchte, dann verbrauche ich zuviel Energie für einfache Arbeiten. Dann fließt es nicht, wenn ich arbeite. Perfekt heißt eigentlich »vollkommen«, »vollendet«, meint also etwas Gelungenes, worüber man sich freuen kann. Heute kommen die Bilder des Perfektionismus weniger von der Freude am vollkommenen Werk, sondern eher aus dem Bereich des Juristischen. Es geht um wertende Beurteilung eines Tuns und um Angst vor einer Verurteilung, die Konsequenzen hat: Kann jemand etwas aussetzen an meinem Tun? Ist es juristisch angreifbar? Es geht also nicht um das gute Werk, sondern um die Frage, ob irgendjemand einen Fehler daran finden und mir daraus einen Strick drehen kann, ob jemand gegen mich klagen kann. Dieser »juristische« Perfektionismus lähmt uns. Er hindert uns zudem, schöne und gute Dinge zu tun, wenn wir nur noch fixiert sind auf die möglichen Fehler und nicht mehr auf die Sache oder auf die Person schauen.

Der Perfektionist muss alles nochmals kontrollieren, immer wieder zurückschauen, ob es auch gut genug ist. Für solche Menschen hat Jesus das Wort gesagt: »Keiner, der die Hand an den Pflug gelegt hat und nochmals zurückblickt, taugt für das Reich Gottes.« (Lk 9,62) Es ist ein schönes Bild, das Jesus hier gebraucht. Wer pflügt, schaut nach vorne. Er ist ganz gegenwärtig und mit Engagement bei seiner Sache. Er traut seinem inneren Gefühl, dass er eine gerade Furche pflügt. Wer ständig zurückschaut, um die Furchen zu kontrollieren, ob sie wirklich gerade sind, der verschwendet seine Energie umsonst. In ihm herrscht letztlich das ängstliche Ego und nicht der befreiende Blick über sich selbst hinaus. Diesen Raum der Freiheit meint Jesus mit dem Reich Gottes. Wer dazu nicht fähig ist, der hat für Gott keinen Raum. Gott ist aber eine Quelle, die nie versiegen wird. Wenn wir aus der göttlichen Quelle des Heiligen Geistes schöpfen, dann fließt die Energie in uns. Aber diese Quelle hindert uns daran, ständig zu kontrollieren, um den Perfektionismus des eigenen Egos zu befriedigen.

Menschen, die unter Burnout leiden, klagen in der Regel über Druck. Da gilt es zunächst einmal zu unterscheiden und die Ursache zu identifizieren. Es gibt den Druck, der von außen auf uns ausgeübt wird, und es gibt den Druck, der aus uns selber kommt. Eine trübe Quelle ist sicher der Druck, den wir uns selbst ständig machen. Es gibt Menschen, die sich von Kindheit an unter Druck setzen. Sie knüpfen die Wertschätzung ihrer selbst ständig an Bedingungen, die sie sich setzen: »Ich bin nur gut, wenn …« Oder sie setzen sich unter Zeitdruck, etwas noch schneller fertig zu machen. Das kann etwas ganz Alltägliches sein. So erzählt mir eine Frau, dass sie sich beim Bügeln unter Druck setzt, alles noch schneller zu erledigen. Andere setzen sich unter Druck, alles, was sie tun, den Menschen gegenüber gut genug zu machen. Am Arbeitsplatz sieht dieser Druck oft so aus, dass immer mehr in der gleichen Zeit gemacht werden soll. Hier trifft dann der äußere Druck auf den inneren Druck der Perfektionisten. Es gibt Menschen, die sich von ihrer Struktur her bei allem, was sie tun, unter Druck setzen. Wenn sie in einer Gruppe sind, meinen sie, unbedingt etwas Vernünftiges sagen zu müssen, um sich mit den anderen messen zu können. Eine solche Struktur stammt oft aus der Kindheit. Da übernehmen Menschen den Druck, den die Eltern ihnen gemacht haben. Die Psychologie spricht hier von inneren Antreibern: Sei schnell, sei perfekt, sei erfolgreich, raste nicht. Es gibt immer etwas zu arbeiten. Es gibt immer einen Anspruch, dem man nachjagt. Man muss sich mit seiner Arbeit ständig beweisen. Eine solche Haltung hindert mich aber daran, mich auf das, was zu tun ist, wirklich einzulassen. Ich schaue ja ständig darauf, was die Menschen um mich herum von meiner Arbeit halten. Das blockiert mich und verbraucht viel Energie. Der Theologe und Psychologe Henri Nouwen spricht hier von Nebenabsichten, die wir bei der Arbeit haben. Wir lassen uns nicht auf die Arbeit ein, sondern sind ständig mit dem Gedanken beschäftigt, uns vor den anderen zu beweisen und vor ihnen gut dazustehen.

Wer außengeleitet lebt, wird krank

Zum Zweiten geraten wir in den Zustand des Burnout, wenn wir uns fremdbestimmen lassen, wenn wir also in dem, was wir tun und lassen, außengeleitet sind und nicht das eigene Bild leben, das unserem Wesen entspricht und uns im Innersten frei und autonom macht. Das geschieht, wenn wir uns zu sehr nach den Bildern richten, die sich andere von uns machen. Jeder Mensch ist ein einmaliges Bild, das Gott sich von ihm gemacht hat. Wenn wir mit diesem ursprünglichen Bild in Berührung sind, dann sind wir einfach da und wir lassen uns etwa auf die Arbeit ein. Sie kann dann fließen. Wenn wir aber das Bild erfüllen wollen, das andere von uns haben, dann verbrauchen wir viel Energie. Das drückt sich auch darin aus, dass wir nicht aus der eigenen inneren Mitte leben, sondern immer nur die Erwartungen der anderen erfüllen wollen. Wir sind in unserer Arbeit natürlich immer Erwartungen ausgesetzt und in aller Regel in Zusammenhänge eingebunden, die wir nicht selbst bestimmt haben. Das können wir nicht leugnen, und das müssen wir auch prinzipiell akzeptieren. Aber wenn wir uns von den Erwartungen erdrücken lassen, dann werden wir ausgedrückt und ausgepresst. Wir sollten auf die Erwartungen antworten, aber wir müssen sie nicht erfüllen. Wir machen unsere Arbeit so, wie es unserem innersten Wesen entspricht. Dann sind wir im Fluss. Wenn wir nur die Erwartungen des Chefs oder unserer Mitarbeiter erfüllen wollen, gibt es zu viel Reibungsverluste. Dass die Erwartungen der Chefs und der Mitarbeiter unterschiedlich sein können, ist ja nicht ungewöhnlich. Und wir sind zudem nicht nur den Erwartungen in der Arbeitswelt ausgesetzt, sondern – zum Beispiel – zugleich auch den Erwartungen und Ansprüchen der Familie. Und die Erwartungen und Interessen der Familie sind immer konträr zu denen der Firma. Mein Mann, meine Frau und meine Kinder möchten, dass ich möglichst pünktlich heimkomme und Zeit für sie habe. Im Interesse der Firma dagegen liegt es, dass ich diese oder jene Arbeit noch erledige, ohne Rücksicht auf das Ende der Arbeitszeit. Wer zu sehr auf die Erwartungen seiner Umgebung schaut und sich selbst unter Druck setzt, die Erwartungen der anderen zu erfüllen und es allen recht zu machen, der überfordert sich selbst. Und der setzt sich dem Risiko aus, seine Gesundheit zu gefährden. Er sieht sich von allen Seiten von verschiedenen Erwartungen herausgefordert und weiß nicht, wie er ihnen gerecht werden soll. Das lähmt ihn. Und es erzeugt Schuldgefühle, die ihm dann noch mehr Energie rauben. Wer ständig mit dem Schuldgefühl herumläuft, dass er die Erwartungen seines Chefs oder seiner Familie nicht erfüllt, dem fließt alle

Energie weg. Schuldgefühle vermitteln uns eine schlechte Grundstimmung. Der sichere Boden, auf dem wir stehen, wird schwankend. Wir verlieren den Halt.

Fassaden aufzubauen raubt uns Energie

Eine dritte Ursache für Burnout ist nach meiner Erfahrung, dass wir zu viel Energie darauf verwenden, eine Fassade aufzubauen: Energie, die uns dann fehlt, wenn es um die Bewältigung der Wirklichkeit geht. Es ist ein Teufelskreis: Wir haben Angst, uns so zu zeigen, wie wir sind und verstecken uns lieber hinter einer Fassade, die wir mit aller Kraft mühsam aufrechtzuerhalten versuchen. Hinter dieser Haltung steckt eine pessimistische Selbsteinschätzung. Die Therapeutin Luise Reddemann spricht in diesem Zusammenhang von »Mangelidentitäten«. Gemeint ist damit: Wir schauen auf das, was wir *nicht* haben und was wir *nicht* sind, statt auf das zu schauen, was wir tatsächlich an eigenen Ressourcen und positiven Möglichkeiten in uns *haben*. Wir schauen auf das, was uns scheinbar »fehlt« und orientieren uns so an einem (vermeintlichen) Mangel. Wir haben den Eindruck, wir dürften nicht so sein, wie wir wirklich sind, und müssten alles unter Verschluss halten, was dem Bild widerspricht, das wir nach außen hin abgeben möchten. Das führt dazu, eine Scheinwirklichkeit aufzubauen, die andere beeindrucken soll.

Eine Frau sagte mir einmal: »Ich kann nicht in die Stille gehen. Da geht ein Vulkan in mir hoch.« Ich habe ihr geantwortet: »Wenn Sie mit diesem Bild leben, dann verbrauchen Sie sehr viel Energie, um den Vulkan ständig unter Verschluss zu halten. Diese Energie fehlt Ihnen bei der Arbeit. Und Sie sitzen ständig auf einem Vulkan, mit der Angst, der Vulkan könnte trotz aller Absicherung doch einmal hochgehen.« Diese Frau hatte ein Bild von sich selbst, das ihr viel Energie raubte, weil es ihre Aufmerksamkeit ständig auf das Bedrohliche in ihrem Inneren fixierte. Wer zu viel Energie in seine Fassade steckt, dem fehlt diese Energie bei seiner Arbeit. Und er hat doch ständig Angst, dass die Energie, die er für die Fassade aufwendet, umsonst ist: Die anderen könnten ja hinter seine Fassade schauen. Ein Beispiel für eine solche Einstellung ist, dass jemand sich und die eigene Leistung entwertet, indem er sagt: »Ich habe doch bisher einfach nur Glück gehabt, ich habe doch gar nichts geleistet …«

Wer die eigene Müdigkeit überspringt, lebt gefährlich

Die vierte Ursache für Burnout: das Überspringen der eigenen Müdigkeit. Wenn ich viel gearbeitet habe, bin ich müde. Es ist eine gesunde und gute Reaktion meines Körpers, wenn ich Müdigkeit spüre, und wenn ich mir diese Müdigkeit auch zugestehe. Ich habe das Gefühl: Das ist eine gute Müdigkeit. Ich habe für Gott und für die Menschen gearbeitet und gönne mir nun Ruhe. Die Müdigkeit ist jetzt die Einladung, sich zu erholen, sich das zu holen, was ich jetzt brauche: Muße, Schlaf, Gespräch, Musik oder Wandern. Die Müdigkeit ist darüber hinaus auch die weitergehende Einladung: Jetzt brauche ich nichts mehr zu tun. Jetzt genieße ich das Nichtstun. Ich definiere mich nicht ständig durch meine Leistung. Ich habe für heute genug geleistet. Jetzt ist es gut so. Jetzt lasse ich alles Leisten los. Doch wer nicht auf seinen Körper hört und seine Müdigkeit nicht wahrnimmt und genießt, sondern sie überspringt, und sie gleich wieder mit neuen Aktivitäten zudeckt, der gerät irgendwann in den Burnout. Hinter einem solchen Überspringen steckt die Angst, seine Grenze anzuerkennen. Ich möchte den anderen beweisen, dass ich unbegrenzt belastbar bin. Ich habe den Anspruch an mich selbst, immer fit zu sein. So muss ich die Müdigkeit verdrängen durch Kaffee oder andere Aufputschmittel. Es ist durchaus legitim, eine müde Phase in der Besprechung durch Kaffee zu überbrücken. Aber wenn dies zum Dauermittel wird, wird es gefährlich. Dann bin ich nicht mehr auf normale Weise müde, sondern wirklich ausgelaugt. Ich habe meinen eigenen Rhythmus übersprungen und gegen meine Natur gelebt. Die übersprungene Müdigkeit führt dann oft zu einer chronischen Müdigkeit und letztlich zum Burnout.

Krankheitsursachen im System

Der fünfte Grund für Burnout ist im systemischen Bereich zu suchen. Das klingt abstrakt, und es kann auch ganz Verschiedenes meinen, aber es kann doch in einem sehr konkreten Sinn Einflüsse beschreiben, die an mir zerren und mich aufreiben. Wenn ich meine Arbeit in der Firma als sinnlos erlebe, dann verliere ich meine Energie.

Oder wenn ich in der Firma gemobbt werde, wenn von anderen nicht »gesehen« wird, was ich leiste, wenn ungerechte Strukturen vorhanden sind oder unfair geführte Rivalitätskämpfe den beruflichen Alltag überschatten, dann ist das alles eine potentielle Ursache dafür, dass mir meine Energie abhanden kommt. Manche gehen dann morgens schon in die Firma mit dem negativen Bild: Wer schreit mich heute wieder an? Oder: Was lässt sich der Chef diesmal wieder an Schikanen einfallen? Wenn keine klaren Ziele kommuniziert werden, ständig widersprüchliche Vorgaben kommen oder wenn ich keine klare Aufgabe habe, sondern ständig herumgeschoben werde und wenn mir alles Mögliche aufgebürdet wird, dann raubt das meine Energie. Wenn Aufgabenbereiche einfach erweitert werden, die Arbeitslast vergrößert und daneben noch das vorgegebene Tempo einfach erhöht wird, weil man die Menschen und ihre Arbeitsleistung nur nach dem Kosten-Nutzen-Verhältnis bewertet, also auf ihren ökonomischen »Wert« reduziert, und wenn ich dagegen nichts unternehmen, mich nicht wehren kann, dann zehrt das auf Dauer an meiner Kraft.

Auch andere Faktoren können schädigend sein, die zunächst einmal gar nicht negativ scheinen. Manchmal können sogar positive Ideen umschlagen. Dann nämlich, wenn sie zu einer Überforderung führen. Immer häufiger werden sogenannte leistungsbezogene Bezahlungssysteme eingeführt, die scheinbar persönliche Erfolge honorieren, aber in Wirklichkeit die Bewertung meiner Tätigkeit nur unter dem Aspekt des Geldwerts sehen lassen. Oder es werden Systeme eingeführt, die unter dem Vorzeichen der

Selbstverantwortung eine indirekte Steuerung praktizieren, die mich eigentlich ohne Grenze in die Pflicht nimmt: wenn etwa unter dem Vorzeichen der »Vertrauensarbeitszeit« dauernd die Uhr im Kopf tickt und wir uns ständig innerlich antreiben, um das uns geschenkte »Vertrauen« nicht zu missbrauchen. Wenn ich nicht gerne und innerlich motivert zur Arbeit gehe, sondern sie als Belastung und Bedrohung erlebe, dann saugt mich das aus. Wenn dazu trotz aller Anstrengung das Damoklesschwert eines unsicheren Arbeitsplatzes über meiner Arbeit schwebt, wenn ich das Gefühl habe, dass meine Stelle gefährdet ist, auch wenn ich mich noch so sehr anstrenge und verausgabe, dann nimmt mir das meine innere Motivation und meine Kraft. Nicht nur äußere Situationen wie Mobbing rauben mir meine Energie, manchmal ist es auch die Sinnlosigkeit der Arbeit. Ich weiß nicht, wofür diese Arbeit eigentlich gut ist. Keiner »sieht«, was ich leiste. Wolfgang Schmidbauer hat festgestellt, dass körperliche und emotionale Grenzen gerade dann als besonders belastend empfunden werden, wenn die Anerkennung ausbleibt. Ich kann viel arbeiten, aber wenn ich keine positive Reaktion erlebe, dann geht schließlich meine Motivation verloren. Und dann kostet es umso mehr Kraft.

Ein anderer Grund für Burnout ist, dass ich nicht gelernt habe, mit Enttäuschungen und Kränkungen umzugehen. Ich arbeite gerne viel, aber wenn ich nicht anerkannt werde oder wenn ich ständig nur kritisiert oder gar verletzt werde, dann sinkt die Motivation. Das führt dann oft zur gesundheitlichen Krise. Viele, die im sozialen Bereich tätig sind, helfen seelisch verletzten oder beschädigten Menschen. Die aber sind oft nicht in der Lage, Dankbarkeit zu zeigen. Und es macht Helfer oft selbst krank, wenn sie nicht einen Weg für sich gefunden haben, mit solchen Verletzungen, Kränkungen und Enttäuschungen umzugehen.

Auch solche systemischen Ursachen haben ihren auslösenden Faktor in unserer natürlichen Verfassung als Menschen. Die Hirnforschung spricht davon, dass in uns der Wunsch nach Zugehörigkeit und Resonanz, nach Akzeptanz und Wertschätzung ganz tief verankert ist. Wir brauchen – schon als kleines Kind, aber auch später – diese positive Resonanz, um zu überleben. Wenn diese Resonanz nicht kommt, werden wir krank. Da gibt es schon zu denken, was im Arbeitsleben immer öfter festgestellt wird: Neben wachsender Arbeitsverdichtung und erhöhtem Termindruck werden in einer im Jahr 2012 durchgeführten Befragung von Managern vor allem die »fehlende menschliche und soziale Anerkennung durch Vorgesetzte« genannt. Klaus Werle hat in einem Beitrag für Spiegel online vom 29.5.2012 unter Bezug auf diese Umfrage als einen Hauptgrund für Burnout die schlechte Führung verantwortlich gemacht. Er folgert: »Die Zunahme der Burnout-Erkrankungen ist auch eine Folge schlechter Führung. Nicht Arbeit als solche macht krank, auch nicht in verdichteter oder flexibilisierter Form, sondern ihre schlechte Organisation. Denn Termindruck, Sparvorgaben und permanenter Effizienzsteigerung können weder Unternehmen (die im globalen Wettbewerb stehen) noch einzelne Führungskräfte (die selbst am Erfolg ihrer Firma ein ureigenes Interesse haben) etwas entgegensetzen. Was sich aber ändern lässt und zudem deutliche Effekte für die Zufriedenheit im Job und damit direkt für die Zahl der Burnout-Erkrankungen haben dürfte, ist die Kultur eines Unternehmens. Insbesondere die Führungskultur.«

Auf dieses Thema werden wir noch zu sprechen kommen.

RITUALE

Wenn du von der Arbeit heimkommst, dann lege dich 15 Minuten auf das Bett. Stelle dir den Wecker, damit du dir diese 15 Minuten ohne Störung gönnst. Lasse die Arbeit los, lasse die Erwartungen los, die die Menschen an dich haben. Genieße die Zeit, die jetzt allein dir gehört. Genieße die Schwere, die von deiner Müdigkeit entsteht. Du fühlst dich getragen. Und du stellst dir vor: Jetzt muss ich gar nichts tun. Ich bin einfach da. Dann spürst du dich selbst. Du musst jetzt nicht fit sein. Du darfst deine Müdigkeit genießen. Wenn dann der Wecker schellt, kannst du dich strecken und – hoffentlich – erfrischt wieder aufstehen. Dann hast du Lust, das zu tun, was daheim auf dich wartet: dich deinen Kindern zuzuwenden oder deinem Ehepartner oder den Aufgaben, die der Haushalt von dir fordert. Oder du hast noch Lust, ins Konzert oder ins Kino zu gehen.

*

Stelle dich aufrecht hin, die Füße etwa in Hüftbreite auseinander. Dann stelle dir vor, wie du dich durch die Fußsohlen immer mehr einwurzelst in den Boden, so wie ein Baum seine Wurzeln in den Boden gräbt. Spüre deine Mitte im Beckenraum. Und nun stelle dir vor, dass sich der Körper wie ein Baum nach oben öffnet, wie Gott dich gleichsam von oben her aufrichtet. Wie ein Baum seine Krone entfaltet, so öffnest du dich dem Himmel. Wie ein Baum, der nicht fragt, warum er steht oder vor wem er gut dastehen soll. Du stehst einfach zu dir. Wenn du willst, kannst du dir Sätze vorsagen wie: »Ich habe Stehvermögen. Ich kann etwas durchstehen. Ich habe einen Standpunkt. Ich stehe für mich ein. Ich stehe zu mir.« In einem solchen Stehen wächst Selbstvertrauen. Du hörst auf, dich unter Druck zu setzen. Du musst dich nicht beweisen. Du stehst einfach da. Und es ist gut so. Wenn du willst, kannst du dir auch Psalmverse langsam vorsagen: »Wirf deine Sorgen auf den Herrn. Er hält dich aufrecht.« Oder: »Ich habe den Herrn beständig vor Augen. Er steht mir zur Rechten. Ich wanke nicht.« Im Stehen lässt sich möglicherweise die Wirklichkeit leichter erahnen, die in diesen Sätzen liegt: Ich stehe auf einmal sicher in Gott, voll Vertrauen und dankbar für den Wert, den ich von und in Gott habe.

Selbstbilder, die uns erschöpfen

Bilder, die zu groß für mich sind

Wenn wir die fünf Ursachen für Burnout genauer anschauen, dann sehen wir, dass es letztlich immer negative
Bilder sind, die ich mir in einer belastenden Situation mache, die an meiner Erschöpfung schuld sind oder sie so
verstärken, dass sie krank macht. Man kann sagen: Burnout ist immer auch ein Beziehungsgeschehen. Es hat mit
meiner Beziehung zu mir selbst und zu anderen Menschen
zu tun. Und diese Beziehung drückt sich in Bildern aus.
Sie hat mit Vorstellungen zu tun, die ich mir von mir selbst
und von meinem Leben gebildet habe, aber auch mit den
Vorstellungen von anderen Menschen. Sie hat mit meinen
Idealisierungen zu tun, mit denen ich unbewusst lebe.
Und sie hängt von den Erwartungen ab, die ich ans Leben
habe und die andere an mich haben. Ich möchte im Folgenden einige Bilder beschreiben, die den Burnout eher
befördern. Es gibt sicher noch mehr und andere Bilder.
Wichtig ist, zu sehen, wie sie funktionieren und sich auf
unser Befinden auswirken. Nur so wird es möglich sein,
ihre Wirkung einzudämmen.

Da gibt es die persönlichen Bilder, die mich erschöpfen:
das Bild des Perfektionisten, das Bild des Ehrgeizigen, das
Bild des »Allen-alles-Rechtmachens«. Es können Bilder
sein, die zu groß für mich sind. Der Schweizer Psychiater

Daniel Hell, der intensiv zu Depressionen geforscht hat, sagt, die Depressionen – und Burnout hat oft mit depressiven Aspekten zu tun – seien oft ein Hilfeschrei der Seele vor zu großen Bildern, die wir von uns haben. Er meint damit etwa das Bild, dass wir immer perfekt sein müssen, immer gut drauf, immer cool, oder die Vorstellung, dass wir immer erfolgreich sein müssen, immer alles im Griff haben, immer alles positiv sehen müssen. Wenn wir mit zu großen Bildern von uns an die Arbeit gehen, dann leben wir letztlich immer unter Hochspannung. Wir sind immer in der Angst, abzustürzen, das große Bild doch nicht verwirklichen zu können. Oft werden solche Bilder aber geradezu erwartet: Der immer leistungsbereite, allzeit verfügbare, umfassend kreative und belastbare Arbeitnehmer – dieses Bild wird als gesuchtes Ideal in Stellenanzeigen gezeichnet.

Es allen recht machen wollen

Das Bild, es allen recht machen zu wollen, kommt meistens aus der eigenen Lebensgeschichte. In der Familie wurde man nur anerkannt, wenn man es allen recht machen konnte oder wollte. In der Familie ist dieses Bild eines angepassten Lebens durchaus lebbar. Man bringt die Wünsche der Eltern und der Geschwister einigermaßen zusammen. Doch schon in der Schule führt dieses Bild oft in Konflikte. Ich erinnere mich an eine Schülerin, die sehr erfolgreich war – und plötzlich zur Schulversagerin wurde. Es begann ganz »normal«: Sie lernte gern und schrieb gute

Noten. Sie wollte es allen recht machen: den Lehrern, den Eltern und den Mitschülern. Doch in diesem erweiterten Anspruchsfeld ging die Rechnung irgendwann nicht mehr auf. Die Erwartungen der Eltern und der Lehrer gingen einigermaßen in die gleiche Richtung. Doch je mehr sie diese Erwartungen erfüllen wollte, desto mehr wurde sie von ihren Mitschülern als Streberin bezeichnet und abgelehnt. Das führte dazu, dass sie auf einmal alle Lust am Lernen verlor und in ihren Leistungen extrem abfiel. Das Bild, das sie von sich hatte, war nicht aufgegangen. Es hatte sie anfangs angetrieben, dann aber ausgelaugt und ihr alle Kraft genommen. Die Erwartungen der Eltern und der Mitschüler waren zu widersprüchlich. Sie sah keine Chance, beide Erwartungen gleichzeitig zu erfüllen: ein Zustand, der sie innerlich erschöpfte.

Zerrissen von Erwartungen anderer

Von ähnlich destruktiver Kraft ist das Bild: »Hoffentlich erfülle ich alle Erwartungen, die an mich gestellt werden.« Wenn ich die Erwartungen meiner Umgebung erfülle, dann bin ich beliebt und werde anerkannt. Insofern ist das Bild, alle Erwartungen zu erfüllen, auch ein guter Antrieb. Aber zum einen können die Erwartungen zu hoch werden. Sie werden zu einem Druck, der auf mir lastet, und ich habe das Gefühl, ich schaffe es nicht, all diese extremen Erwartungen zu erfüllen. Das lähmt mich und raubt mir die Energie. Bei anderen sind die Erwartungen widersprüchlich. In der Firma sind die Erwartungen der Mitarbeiter anders als die Erwartungen des Chefs. So gerate ich wieder in einen Konflikt. Mein Bild zerreißt mich innerlich. Denn ich kann nicht beide Erwartungen gleichzeitig erfüllen. Und viele, die versuchen, die Erwartungen ihres Chefs und ihrer Arbeitskollegen zu erfüllen, kommen in Konflikt mit den Erwartungen, die die Familie an sie hat.

Dieses Zerrissenwerden durch die verschiedenen Erwartungen kann man in verschiedenen Berufsgruppen gerade bei engagierten Menschen erleben. Bei Lehrern etwa, die zwischen den Vorgaben der Ministerialbürokratie, den Ansprüchen und Erwartungen ehrgeiziger Eltern und den Bedürfnissen der Schüler hin- und hergerissen sind. Ich erlebe diesen inneren Zustand vor allem auch bei Priestern, die ich begleite. Sie arbeiten nicht unbedingt mehr als vor 30 Jahren. Aber wenn sie mehrere Pfarreien versorgen sollen, sehen sie sich den verschiedensten Erwartungen ausgesetzt. Die eine Pfarrei erwartet, dass er sie als Lieblingspfarrei behandelt, die andere hat die gleiche Erwartung. Oft genug sind auch die Erwartungen innerhalb einer Pfarrei verschieden. Da gibt es die konservativen und progressiven Gruppen. Und alle erwarten vom Pfarrer, dass er ihren Vorstellungen von einem traditionalistischen oder liberalen Pfarrer gerecht wird. Aber das ist ein Spagat, den auf Dauer niemand zu leisten vermag. Manche versuchen, diesen Spagat einigermaßen hinzukriegen. Doch dann erleben sie große Enttäuschung. Sie konnten die Erwartungen trotz aller Anstrengung und aller Kompromissbereitschaft doch nicht erfüllen. Die Leute sind nicht zufrieden. Solche Enttäuschungen rauben dann die ganze Energie. Und oft genug fällt der Betroffene in ein

Loch und wird depressiv: Er kann machen, was er will, er wird nie die verschieden Erwartungen erfüllen können. Er muss sich von diesem Bild verabschieden. Dieser Abschied ist immer schmerzlich und geht nur über das Betrauern, dass meine Bilder so nicht mehr passen. Durch das Betrauern komme ich dann in den Grund meiner Seele und kann dort nach dem Bild suchen, das meinem Wesen entspricht und das nicht mehr nur die Erwartungen der anderen widerspiegelt.

Bei Familienbetrieben werden der Sohn oder die Tochter, die das Geschäft des Vaters übernehmen sollen, oft mit Erwartungen konfrontiert, die sie überfordern. Da sind einmal die Erwartungen des Vaters, das Geschäft so weiter zu führen, wie er es bisher erfolgreich getan hat. Und es sind die Erwartungen der Mitarbeiter, die auf den Nachfolger das Bild projizieren, das sie vom Vater hatten. Wenn der Nachfolger versucht, nur die Erwartungen des Vaters zu erfüllen, wird er irgendwann seine Kraft verlieren. Er lebt nicht aus der eigenen Kraft heraus und aus dem Bild heraus, das für ihn stimmt. Und wenn er alle Erwartungen der Mitarbeiter erfüllen will, dann wird er sich auch überfordern. Das bedeutet nicht, dass ihm die Erwartungen des Vaters oder der Mitarbeiter gleichgültig sein sollen. Er soll sie beachten. Aber er muss zugleich in sich selbst hineinhorchen: Welche Erwartungen kann und will ich erfüllen und welche nicht? Ich muss mich frei fühlen, auf die Erwartungen so zu antworten, wie es für mich richtig ist. Sonst werden die Erwartungen zu einem Druck. Auf der einen Seite ist es ja gut, dass der Vater und die Mitarbeiter Erwartungen an mich haben. Sie trauen mir etwas zu. Sie achten mich auf diese Weise auch. Aber auf der anderen Seite muss ich mich innerlich frei machen, damit ich das Gefühl bekomme: Ich führe die Firma so, wie es meinem innersten Wesen entspricht. Ich drücke ihr meinen persönlichen Stempel auf. Das braucht natürlich Klugheit. Der Nachfolger, der alles umkrempelt, schafft nur Unruhe und Widerstand. Und wenn der Nachfolger durch seinen völlig anderen Führungsstil den Vater entwertet und anklingen lässt, dass der Vater alles verkehrt gemacht hat, dann verliert er die Achtung seiner Mitarbeiter. Ich kann meinen Stil nur leben, wenn ich zugleich den Stil meines Vorgängers würdige und achte.

Selbstbilder, die zu klein sind

Auch zu kleine Bilder von mir selbst können mich erschöpfen. Da geht einer mit dem Bild zur Arbeit: Ich bin zu langsam. Ich kann das nicht, was von mir erwartet wird. Solche mich kleinmachenden Bilder sind oft verinnerlichte Botschaften, die ich von den Eltern bekommen habe. Da hat mir mein Vater immer vermittelt, dass ich kein richtiger Mann bin, dass ich nicht kämpfen und nicht richtig zupacken kann. Oder die Mutter hat mir vermittelt, dass ich zu langsam bin, dass ich ungeschickt bin und zwei linke Hände habe. Solche Bilder tauchen bei der Arbeit immer wieder auf und lähmen mich. Solche selbstentwertenden Bilder gehen oft mit der Aufwertung anderer einher: Die anderen können alles besser. Sie verstehen die Probleme schneller, sie sind flinker bei der Arbeit.

Andere gehen mit dem Bild in die Arbeit: »Was wird heute wieder passieren? In welchen Konflikt werde ich heute geraten?« Sie sind auf negative Vorkommnisse fixiert – die sie dann auch oft wirklich erleben. In der Psychologie spricht man von sich selbst erfüllenden Prophezeiungen. Wer schon mit dem Gefühl in die Arbeit geht, dass heute alles schief gehen wird, dass er in Konflikt mit seinem Chef oder seinen Mitarbeitern geraten wird, der wird es vermutlich auch so erfahren. Manche begründen ihre negativen Gedanken damit, dass sie dann auch nicht enttäuscht werden können. Aber sie merken gar nicht, wie diese negativen Gedanken sie lähmen. Man hat in sich das Bild der Katastrophe, die einem droht. Es ist letztlich eine katastrophale Seelenstimmung, mit der ich in die Arbeit gehe. Und dann wird alles zur Katastrophe. Jeder kleine Fehler erscheint als Katastrophe. Und bei allem befürchtet man, dass es sich zum Schlechten wenden wird.

Wenn der Berg zu groß scheint

Andere haben Bilder verinnerlicht, die die Schwierigkeit dessen, was sie tun müssen, vergrößert. Da ist zum Beispiel das Bild des Berges, der vor ihnen steht: ein Berg von Arbeit, der kaum zu bewältigen ist, ein Berg von Problemen, die anstehen. Wenn sie in eine Sitzung gehen, gehen sie mit diesem Bild des Berges in die Sitzung. Alles lastet auf ihnen wie ein Berg, den sie nicht abtragen können. Die Märchen kennen dieses Bild des Berges, der uns vor schier nicht zu bewältigende Aufgaben stellt. Oft sind es dann

Tiere, die zu Hilfe kommen, um den Berg abzutragen. Auch in der Bibel kommt das Bild des Berges vor. Jesus greift dieses Bild auf, um uns von der Last solcher Bilder zu befreien. »Amen, das sage ich euch: Wenn jemand zu diesem Berg sagt: Heb dich empor, und stürz dich ins Meer!, und wenn er in seinem Herzen nicht zweifelt, sondern glaubt, dass es geschieht, was er sagt, dann wird es geschehen.« (Mk 11,23) Der Glaube, das Vertrauen, dass ich nicht allein auf mich gestellt bin, sondern in Beziehung zu einer größeren Wirklichkeit stehe, lässt den Berg kleiner werden. Er wird seine übermächtige Dimension mir gegenüber verlieren, die Bedrohung, die er ausgelöst hat, wird in sich zusammenfallen. Das ist eine Folge des Vertrauens. Wir alle wissen von der Kraftquelle, die im Vertrauen liegt: Nicht nur im Vertrauen auf meine eigenen Kräfte, sondern auch im Vertrauen auf andere. Die Hirnforschung hat festgestellt, dass eine vertrauensvolle Beziehung dazu führt, Belastungen als nicht so stark zu erfahren, oder dass sie sogar dazu führen kann, dass Belastungen abgebaut werden. Die Süddeutsche Zeitung berichtete von einer Untersuchung, die der Hirnforscher James Coan von der University of Virginia angestellt hat. Er hat herausgefunden: Auf einer Bergtour erscheint den Beteiligten der Anstieg umso flacher, je länger und je besser man den Freund oder Partner kennt, der einen begleitet. Nicht nur das Vertrauen auf die eigene Kraft oder auf nahe Menschen ist hilfreich, wenn sich Berge nicht nur im wörtlichen, sondern im übertragenen Sinn vor uns aufbauen, sondern auch Gottvertrauen. Wenn ich vor einer schwierigen Sitzung bete, dann gehe ich nicht mehr verkrampft in die Sitzung. Ich stehe dann nicht vor einem Berg, der mich erdrückt. Das Beten schafft Vertrauen – und kann also im Wortsinn »Berge versetzen«; und so kann ich mit einem anderen Bild in die Sitzung gehen. Es ist das Bild: Ich muss nicht alles lösen. Ich bin gut vorbereitet – aber ich schaue mir auch an, was alles kommt, und vertraue darauf, dass Gott alles zum Besten lenkt und mir auch Ideen eingibt, die zu einer Lösung führen.

Das innere Hamsterrad

Bilder, die lähmen und uns die Energie rauben, gibt es viele: Ein Manager geht etwa mit dem Bild vom Hamsterrad in die Arbeit. Auch das ist ein Bild, das einen – wenn man es verinnerlicht – nur auslaugt. Es besagt ja: Ich kann strampeln, soviel ich will, ich komme nicht vorwärts. Ich laufe wie in einem Hamsterrad: Es dreht sich, es ist etwas los, aber es kommt nichts dabei heraus. Meine Arbeit hat kein Ziel. Ich werde nie fertig, ich sehe kein Ende und keinen Erfolg. Von einem Termin laufe ich zum nächsten. Alle erscheinen wichtig, aber irgendwie bleibt alles leer. Es ist ein Laufen im Hamsterrad. Damit ist die Erfahrung der Sinnlosigkeit meines Tuns in ein treffendes Bild gefasst – mit den entsprechenden Folgen.

In der Psychologie spricht man von inneren Antreibern, wie: »Sei schneller, sei perfekt, sei erfolgreich!« Solche Antreiber treiben uns zu immer mehr Arbeit an. Und wir müssen die Arbeit noch schneller, noch effektiver, in noch größerem Umfang leisten. Solche Antreiber werden oft von den Firmen aufgegriffen, indem die Kennziffern für die Leistung jährlich erhöht werden. Aber irgendwann ist einmal Schluss. Man kann den Menschen nicht zu immer mehr Leistung antreiben. Er ist keine Maschine, die immer neu und weiter optimiert werden kann. Er hat sein Maß, das nicht überschritten werden kann. Solche Antreiber werden in der Firma dann zu betriebswirtschaftlichen Anforderungen: Der Gewinn muss jedes Jahr gesteigert werden. Die Leistung muss immer höher werden. Der Betrieb muss immer mehr wachsen. Ein Unternehmer, der aus idealistischen Gründen einen Betrieb aufgebaut hat, erzählte mir, wie er sich von diesem Druck des Immer-noch-mehr-Wachsenmüssens erdrückt fühlt. Er hat jetzt gute Mitarbeiter, die engagiert sind. Sie wollen immer neue Chancen auf dem Markt wahrnehmen. Aber das bedeutet: Wachstum. Und es bedeutet: neue Kredite aufnehmen, um die Firma noch größer werden zu lassen. Doch auch das Maß an Schulden, das ein Mensch auf sich nehmen kann, ist nicht rein betriebswirtschaftlich zu sehen. Ich muss auch meine eigene Kapazität und meine Lebensgeschichte anschauen. Es gibt Menschen, für die sind Schulden kein Problem. Sie sehen sie rein betriebswirtschaftlich. Für andere aber sind sie erdrückend. Sie haben in ihrer Familiengeschichte den inneren Antreiber, der ihnen sagt, möglichst ohne Schulden zu wirtschaften. Für manche Familien sind Schulden etwas Unmoralisches: Sie machen ein schlechtes Gewissen. Für andere dagegen gleichen Schulden die eigene Maßlosigkeit aus. Sie verstricken sich in immer größere Schulden, die sie irgendwann nicht mehr zurückzahlen können. Es entsteht ein Strudel aus

Schulden. Menschen, die aus solchen Familien kommen, fühlen sich durch die Kredite, die die Firma aufnehmen muss, an das Schuldenchaos in der eigenen Familie erinnert. Sie bekommen Angst, wenn sie auf die Schulden sehen.

Nicht jeder kann immer nur der Beste sein

Manche Motivationstrainer versuchen, den Führungskräften und Mitarbeitern einzureden, sie müssten immer die Besten sein. Das ist für mich ein krankmachendes Bild, denn es ist nicht realistisch. Nicht jeder kann der Beste sein. Dieses Bild kommt auch aus dem Sport. Jeder Sportler will natürlich gewinnen. Das ist durchaus gut. Aber nur der Sportler, der auch verlieren kann, ist ein guter Sportler. Wer nur auf den Sieg fixiert ist, der fällt in ein Loch, wenn er wegen einer Hundertstel Sekunde, die er zu langsam war, Zweiter oder Dritter geworden ist. In unserer Arbeitswelt haben wir die Bilder der Superlative aus dem Sport übernommen. Doch damit werden viele überfordert. In der DDR gab es viele Sportinvaliden, weil man die Sportler zu Hochleistungen zwingen wollte, ohne Rücksicht auf ihre Gesundheit. Wer es nicht geschafft hat, der wurde fallen gelassen. So ähnlich scheint es heute in manchen Firmen zu sein. Und viele Mitarbeiter haben diese sportlichen Superlative verinnerlicht. Wenn sie ihren eigenen Bildern nicht gerecht werden, dann greifen sie – wie die Sportler – zu Dopingmitteln. Sie putschen sich auf durch Psychopharmaka oder durch andere Steigerungsmittel. Doch oft bleibt dann nur der Verlierer zurück, der sich aber mit dieser Rolle nicht anfreunden kann.

Die Bilder des »Immer-mehr, Immer-schneller, Immer-höher-hinaus« greifen vom Sport in unsere Gesellschaft und in die Arbeitswelt über. Viele haben diese Bilder verinnerlicht und schaden sich damit selbst. Amerikanische Spitzensportler wurden befragt, ob sie für einen Sieg bei Olympia auch ein paar Jahre ihres Lebens opfern würden. Die überwiegende Zahl der Befragten hat dem zugestimmt. Offensichtlich ist diese Haltung nicht nur im Hochleistungssport, sondern auch in der Arbeitswelt verbreitet. Da treiben sich manche immer mehr an, um in der Öffentlichkeit bewundert zu werden. Sie sind buchstäblich bereit, Jahre ihres Lebens für ihren beruflichen Erfolg dreinzugeben, zu opfern. Doch irgendwann bleiben sie als Menschen dann auf der Strecke. Die übertriebenen Bilder haben sie zugrunde gerichtet. Dabei muss immer klar sein: Es ist unsere Entscheidung, welche Werte wir in unserem Leben obenan stellen. Und wir können uns bis zu einem gewissen Grad immer auch entscheiden, welche Bilder wir für unser Leben übernehmen wollen.

Unersättlichkeit, die uns überfordert

Es gibt nicht nur die persönlichen Bilder, die mich erschöpfen, sondern auch Bilder, die mir von außen übergestülpt werden, etwa Bilder, die sich in einer Firma breitgemacht haben und das ganze Verhalten der Firma prägen. Viele Firmen haben Bilder wie ständiges Wachstum, Gewinnmaximierung, Umsatzsteigerung, immer noch mehr und noch weiter verinnerlicht. Und diese Bilder der Firma legen sich dann über die Mitarbeiter und überfordern sie. Oft werden diese Bilder dann in einer reißerischen Sprache für die Firma propagiert. Der Chef verlangt immer höheren Einsatz. Wir sind immer noch nicht am Maximum angelangt. Es geht immer noch mehr. Diese Unersättlichkeit der Bilder, die die Firma sich selbst gibt, saugt die Mitarbeiter aus. Irgendwann verlieren sie die Lust. Sie haben den Eindruck, sie können es dem Chef nie recht machen. Selbst wenn die Leistung in einem Jahr gesteigert wurde, muss sie im nächsten Jahr nochmals übertroffen werden. Dieses maßlose »Immer-weiter – Immer-mehr« ist ein Bild, das die Mitarbeiter überfordert und ihnen die Lust an der Arbeit nimmt.

Viele Firmen haben leistungsbezogene Bezahlungen eingeführt. Es gibt sogenannte »Boni« für bestimmte Leistungen. Aber oft werden diese Leistungen so hoch angesetzt, dass sie kaum erreichbar sind oder eben nur unter sehr großem Kraftaufwand erzielt werden können. Trotzdem sind solche vorgegebenen Ziele verlockend. Und wenn man sich dann auf diese Anstrengung einlässt, überfordert man sich nicht selten selbst. Oder aber man entwertet sich, wenn man die Leistungen nicht erreicht, fühlt sich als Versager. Das lähmt dann, anstatt anzuspornen.

Antreiber, die blockieren

Die inneren Antreiber, von denen die Psychologie spricht, sind oft in der Herkunftsfamilie als Erziehungsmittel verwendet worden. Viele Bilder, die wir unbewusst in uns tragen, sind durch die Tradition unserer Familien geprägt. Oft sind es Sprichwörter, die immer wieder zitiert wurden und die sich in die Seele des Kindes eingeprägt haben. Solche Sprichwörter, die heute zu Antreibern werden, die mich überfordern, sind etwa: »Ohne Fleiß kein Preis.« – »Wer nicht arbeitet, soll auch nicht essen.« – »Leiste was, dann bist du was.« Wenn mir solche Worte und Sätze immer wieder eingetrichtert wurden, haben sie sich als Bilder in meiner Seele festgesetzt. Sie prägen mein Denken und Handeln auch dann, wenn ich mir dessen gar nicht bewusst bin. Manche dieser Bilder können durchaus positive Antreiber sein, die mich etwa aus einer Phase der Trägheit herausführen. Aber sie können mich auch überfordern. Ich kenne Menschen, die sich nichts gönnen, die unfähig sind, einen Augenblick Ruhe zu genießen. Sie meinen, sie müssten immer etwas tun. Sonst sind sie nichts. Sie müssen jeden Augenblick etwas leisten, sonst könnten die anderen sagen: Der hat nichts zu tun, der macht sich das Leben bequem. Viele haben dieses Leistenmüssen als inneren Zwang verinnerlicht. Wenn sie nichts tun, dann fühlen sie sich wertlos. Und dann haben sie Angst vor dem Urteil der anderen. Solche verinnerlichten Bilder rauben uns mit der Zeit alle Kraft. Sie türmen Blockaden auf und werden irgendwann so groß und unüberschaubar, dass sie uns lähmen. Sie führen in den Burnout.

RITUALE

Setze dich bequem auf einen Sessel. Schließe die Augen und horche in dich hinein! Welche inneren Antreiber melden sich da in dir zu Wort? Welche Bilder tauchen in dir auf, die dich belasten und überfordern? Lasse die Antreiber und Bilder ruhig auftauchen. Schaue sie dir an und sprich mit ihnen. Sage ihnen: »Ja, du Antreiber, du Bild warst eine Zeit lang für mich gut. Du hast mich auf meinem Weg vorangebracht. Aber jetzt möchte ich dich verabschieden. Denn ich spüre, dass du mir jetzt nicht mehr gut tust. Du wirst wahrscheinlich öfter noch in mir auftauchen. Ich nehme dich wahr, aber ich entscheide mich jetzt für ein anderes Bild, für andere Worte, die mir heute gut tun.« Und dann horche weiter in dich hinein. Tauchen jetzt gute Bilder auf, die du gegen die negativen Bilder setzen könntest? Und tauchen andere Worte auf, die dir etwas zu tun erlauben, anstatt dich anzutreiben? Wenn keine guten Bilder oder Worte auftauchen, dann überlege dir aktiv: Was könnte mir helfen? Welches Bild möchte ich gegen die negativen setzen und mit welchem Wort auf den Antreiber antworten?

Ein anderes Ritual, zu dem ich dich einladen möchte, kannst du mitten im Trubel des Alltags machen: In deinem Büro, wenn du das Gefühl hast, dass zuviel auf dich einströmt. Oder im Auto, wenn der Verkehr dich umtost. Oder beim Warten auf den Bus, oder auch beim Kochen und bei der Hausarbeit.

Bleibe für einen Augenblick stehen und gehe vom Kopf durch das Herz in den Grund deiner Seele. Du kannst diesen Grund der Seele nicht im Körper lokalisieren. Aber stelle dir einfach vor, du gingest mit deiner Aufmerksamkeit in den Unterbauch, dort, wo der Atem beim Ausatmen stehen bleibt.

Stelle dir vor, dass dort in der Tiefe alles in dir ruhig ist. Und dann beobachte von dieser inneren Ruhe aus alles, was sich außen bewegt: die Anrufe, die Wünsche der Mitarbeiter, die vielen Mails, die auf dich warten, die Fragen der Kinder.

Halte kurz inne. Und dann wende dich von deiner Mitte aus von neuem den Tätigkeiten zu, mit denen du gerade beschäftigt bist. Du wirst sehen, dass du sie anders vollziehen kannst. Deine Beschäftigung bringt dich nicht aus deiner Ruhe. Alle Bewegung entsteht aus der Ruhe. Du bist nicht mehr im Hamsterrad, sondern in Deiner Mitte.

Bilder von Beziehungen, die krank machen

Bilder, die wir uns von anderen machen

Wir tragen nicht nur Bilder von uns selbst in unserem Herzen. Wir machen uns auch Bilder von anderen Menschen. Wir können gar nicht leben, ohne uns ein Bild vom anderen zu machen. Sobald ich einem Menschen begegne, konstelliert sich in meiner Seele ein Bild von ihm. Wir machen uns Vorstellungen vom anderen. Dem können wir nicht entrinnen. Das ist zunächst einmal noch nichts Schlimmes. Aber es kommt darauf an, dass wir uns dieser Bilder bewusst werden. Dann können wir erkennen, ob die inneren Bilder vom anderen uns helfen, die Fähigkeiten des anderen und seine Würde zu sehen, oder ob sie uns daran hindern, den anderen in seiner Besonderheit zu erkennen. Es gibt Bilder in uns, die den anderen festlegen und ihn in ein bestimmtes Schema pressen. Bilder werden oft zu Vorurteilen, die dem anderen gar nicht die Chance lassen, seine eigene Wahrheit zu leben. Wir teilen ihm ein bestimmtes Bild zu, das ihn festlegt. Er wird von uns in ein »Prokrustesbett« gezwängt. Die Griechen haben den folgenden Mythos von Prokrustes erzählt. Prokrustes war ein Wegelagerer, der alle Vorübergehenden in sein Bett gezwängt hat. Die zu kurz waren, streckte er mit Gewalt in die Länge. Und denen, die zu lang waren, hackte er die Glieder ab. Beide hatten also keine Chance und sind zugrunde gegangen. Die Erzählung zeigt uns, was unsere Bilder anrichten können. Wenn wir den anderen mit zu kleinen Bildern festnageln, hindern wir ihn am Leben. Und mit zu großen Bildern schaden wir ihm genauso. Wir sehen die wirklichen Potenziale nicht, die ein Mensch hat, indem wir uns nur auf eines konzentrieren – und das ist oft genug noch dazu das Negative, das was uns selbst fehlt, was uns mangelt.

Die Bilder und Vorstellungen, die wir vom anderen in uns tragen, prägen nicht nur unser Miteinander im Kleinen. Sie prägen auch unsere Gesellschaft. In unserer Gesellschaft werden den einzelnen Menschen Bilder übergestülpt. Und von diesen Bildern hängt es ab, ob die Menschen anerkannt sind oder nicht. Das führt so weit, dass manche gar nicht mehr sagen, welchen Beruf sie haben, weil ihr Berufsbild in der heutigen Gesellschaft nicht mehr »in« ist. Man möchte aber etwas gelten. Daher verleugnet man seinen Beruf oder erfindet neue Bilder dafür, die den aktuellen Wertungen der Gesellschaft eher entsprechen. Kaum eine Frau, die in Büros oder in Privathaushalten putzt, traut sich heute noch, sich als Putzfrau zu bezeichnen. Stattdessen ist sie »in der Raumpflege« oder »in der Hauswirtschaft« beschäftigt. Sogar im Kloster möchte man seiner Aufgabe gerne ein gewichtigeres Bild anhängen. Als meine Tante, die vor ihrem Klostereintritt Lehrerin war, anfing, dement zu werden, wurde sie als Hilfskraft zum Kartoffelschälen eingeteilt. Als ein Gast sie fragte, was ihre Tätigkeit im Kloster sei, antwortete sie: »Ich bin am konkreten Aufbau des Klosters beteiligt.« Selbst in ihrer Demenz brauchte sie für ihre Tätigkeit noch ein Bild, das sie in den Augen der andern gut dastehen ließ.

Wertungen und Projektionen

Ich möchte im Folgenden einige Bilder, die wir uns vom anderen machen, anschauen. Solche Bilder beinhalten immer schon eine Wertung des anderen. Oft geschieht diese Wertung unbewusst. Daher ist es wichtig, sich der Bilder bewusst zu werden, um sie dann auch ändern zu können. Ob ich will oder nicht, ich mache mir ein Bild vom anderen. Doch meine Verantwortung ist es, dieses Bild immer wieder in Frage zu stellen und mich in den anderen, der hinter diesem Bild steckt, hineinzumeditieren, mir vorzustellen, wer er wirklich ist, und nach seiner wahren Gestalt zu suchen.

Der Chef hat ein bestimmtes Bild von seinen Mitarbeitern, die Mitarbeiter haben ein Bild vom Chef. Auch von diesen Bildern hängt es ab, wie wir miteinander arbeiten und wie wir die Arbeit erleben. Die Bilder, die ich mir vom anderen mache, prägen sich unbewusst auch in den anderen ein. Die Psychologie spricht von Projektionen, die wir dem anderen überstülpen und die dann dessen eigenes Selbstbild trüben. Solche Projektionen geschehen zunächst in der Familie. Da sieht ein Vater den Sohn nicht als diesen einzigartigen Sohn, der er ist, sondern er sieht in ihm all das, was er selbst nicht leben durfte. Wenn der Sohn aber dann die Defizite des Vaters ausgleichen soll, wird er damit oft genug überfordert. Es wird ihm ein Bild aufgedrängt, das seinem Wesen nicht entspricht. Oder die Tochter wird nicht als diese einmalige Tochter, die sie ist, gesehen, vielmehr projiziert die Mutter projiziert ihre eigenen Erwartungen, aber auch die eigenen Ängste und Befürchtungen auf sie. Manchmal ist es die eigene Unsicherheit als Frau, die sie der Tochter vermittelt. Das unsichere Selbstbild der Mutter wirkt sich auf das Selbstbild der Tochter aus und behindert sie in ihrer Entwicklung. Oder es sind übertriebene Wünsche: Die Tochter soll alle Wünsche der Mutter nach einer starken Frau erfüllen, damit sie in ihr gleichsam das nach außen zeigen kann, was sie selbst nicht verwirklicht hat. Und so gibt es auch Bilder von der Mutter zum Sohn oder Vorstellungen, die ein Vater auf seine Tochter überträgt bzw. ihr ins Leben »mitgibt«. Die Mutter sieht im Sohn oft den Prinzen, der Vater in der Tochter die Prinzessin. Doch diese Bilder tun den Kindern nicht gut. Spätestens, wenn sie in die Schule kommen, sind sie keine Prinzen und Prinzessinnen mehr, sondern müssen sich mit ihren Mitschülern auseinandersetzen und sich unter ihnen behaupten.

Der Chef und seine Mitarbeiter

Von den Bildern, die wir in der Familie mitbekommen haben, hängen auch die Bilder ab, die wir auf andere projizieren. Da ist ein Chef, der all die Defizite in sich selbst übersieht oder unterdrückt. Er projiziert das Minderwertige, das er in sich empfindet, auf seine Mitarbeiter. Er sieht in den Mitarbeitern alle Fehler, die er selbst hat, die er aber bei sich selbst nicht zugibt. Er wird misstrauisch und sieht im Verhalten der Mitarbeiter Fehler, wo gar keine sind. Die Mitarbeiter haben das Gefühl, dass sie dem Chef nichts recht machen können. Sie können tun und leisten, was sie wollen, immer ist es zu wenig für den Chef, denn er projiziert seine eigenen Defizite auf die Mitarbeiter. Und so bleibt bei allem, was sie tun, ein Defizit. Das macht die Mitarbeiter unzufrieden und lähmt sie oft genug. Chefs, die Minderwertigkeitskomplexe haben, die hohe Forderungen an die andern stellen und sich zugleich schwach fühlen, müssen ihre Mitarbeiter klein machen. Sie können sie nicht anerkennen. Sie sind auf ihre Fehler und Schwächen fixiert und decken sie schonungslos auf, um von ihrer eigenen vermeintlichen Minderwertigkeit abzulenken. Solche Chefs schaden ihren Mitarbeitern. Sie entwerten sie ständig. Sie haben nach außen oft ein grandioses Ego: Nur sie sind gut und alle anderen taugen nicht viel. Und wenn die Mitarbeiter dann kein gutes Selbstbild von sich haben, übernehmen sie das Bild der Minderwertigkeit, das ihnen der Chef überstülpt. Diese Dynamik führt dann meist eher bei den Mitarbeitern als beim Chef in den Burnout.

Das Misstrauen mancher Chefs gegenüber ihren Mitarbeitern führt zu einem übertriebenen Kontrollverhalten. Der Chef kontrolliert die Arbeit seiner Mitarbeiter bis ins Detail. Der Kompetenzraum der Mitarbeiter schrumpft, sie erfahren sich als immer weniger wirksam und doch mit übergroßen Erwartungen konfrontiert. Eigentlich ist es das Misstrauen sich selbst gegenüber, das der Chef auf die Mitarbeiter projiziert. Er traut sich selber nicht. Er würde

lieber eine ruhige Kugel schieben, wenn er nicht unter Be-
obachtung oder unter innerem Druck stünde. Er würde für
sich Vorteile herausschlagen, wenn er angestellt wäre. All
das, was er in sich trägt, projiziert er auf die Mitarbeiter.
Die reagieren damit, dass sie sich verschließen. Sie haben
den Eindruck, dass der Chef alles mit einer misstrauischen
Brille anschaut, mit einer dunklen Brille, die die Leistungen, die tatsächlich erbracht wurden, verschwinden lässt.

Es ist die Aufgabe des Chefs, seine Bilder, die er sich
von den Mitarbeitern macht, immer wieder zu überprü-
fen: Wo projiziere ich meine eigenen verleugneten Selbst-
bilder in die anderen hinein? Wo ist mein Blick durch
meine misstrauische oder feindselige Brille verstellt?
Dann muss ich versuchen, meine Vorurteile einmal bei-
seite zu schieben und den einzelnen Mitarbeiter bewusst
in den Blick zu nehmen. Was sehe ich in ihm/ihr? Wie ist
er/sie wirklich? Was ist sein/ihr Wesen? Der hl. Benedikt
fordert seine Mönche auf, in ihren Brüdern, aber auch in
den Gästen, den Männern und Frauen, die das Kloster besuchen, Christus zu sehen. Das verlangt eine andere Brille:
die Brille des Glaubens. Es ist keine rosarote Brille, durch
die ich alles nur nett finde. Vielmehr ist es eine Brille, mit
der man durch die manchmal unansehnliche Fassade hindurch sieht und den guten Kern in jedem und jeder entdeckt. Dieser neue Blick auf den anderen verwandelt ihn.
Er kann nun selbst an das Gute in sich glauben. Wir legen
den anderen durch unsere Bilder ein Stück weit fest. Unsere Projektionen bewirken etwas in ihm. Und so ist es
unsere Verantwortung, den anderen vorurteilslos und mit
einer Brille des Zutrauens und Vertrauens anzuschauen.

Dann werden wir seine Fähigkeiten und seinen guten Kern entdecken und sogar fördern. Letztlich führt dies in Firmen zu einer Kultur gegenseitiger Anerkennung und zu einem Klima, in dem auch Leistungssteigerung ermöglicht wird, weil das, was positiv da ist, wahrgenommen und gewürdigt wird. Das meint kein »Kuschelklima«. Im Gegenteil: Auf einem solchen Boden können und dürfen dann auch Defizite angesprochen werden.

RITUAL

Suche dir einen deiner Mitarbeiter oder Arbeitskollegen heraus und meditiere ihn. Was siehst du an ihm, an ihr? Was stört dich? Was ist dir unsympathisch? Was macht dir Probleme? Dann versuche, hinter die Fassade zu schauen. Wie geht es ihm/ihr, wenn er/sie allein ist? Welche Gedanken beschäftigen ihn/sie? Welche Sehnsucht steckt hinter den Gedanken? Dann versuche, durch die Fassade hindurch den innersten Kern zu entdecken, der gut ist. Zumindest ist auf dem Grund der Seele die Sehnsucht, gut zu sein, glücklich zu sein, die Sehnsucht, angenommen und geliebt zu sein. Versuche mit dieser Sehnsucht des Mitarbeiters/der Mitarbeiterin in Berührung zu kommen. Und dann frage dich, was er/sie für sich braucht, damit dieser gute Kern sich entfalten kann.

Nicht nur der Chef hat Bilder von seinen Mitarbeitern, sondern auch die Mitarbeiter vom Chef. Auch diese Bilder wirken sich auf die Beziehung zwischen beiden aus. Die Bilder, die sich die Mitarbeiter vom Chef machen, sind natürlich durch das Verhalten des Chefs entstanden. Sie haben immer auch eine objektive Grundlage. Aber auch hier gibt es oft Projektionen. Mitarbeiter, die zum Beispiel eine Vaterwunde haben, sehen mit dieser Wunde auf den Chef. Sie haben ein Grundmisstrauen gegenüber jeder Autorität. Was immer er tut oder sagt: Sie sehen in den Worten und im Verhalten des Chefs grundsätzlich eine Ablehnung ihrer selbst. Sie unterstellen, er sagte alles nur, um ihnen zu schaden oder sie auszutricksen – ob es nun eine positive oder eine negative Äußerung war, die er getan hat. Mitarbeiterinnen, die eine Mutterwunde mit sich tragen, betrachten den Chef oft nur unter dem Gesichtspunkt, wie sehr er sich ihnen zuwendet, wie viel Zeit er ihnen schenkt, ob er sie überhaupt anschaut und wahrnimmt. Wenn der Chef mit sachlichen Problemen beschäftigt ist, dann sehen sie darin eine Vernachlässigung ihrer selbst. Er hat dann schnell das Image des typischen Managers, dem es eben nur um das Geld geht. Doch dieses Bild wird ihm nicht gerecht.

Nicht nur die Vaterwunden und Mutterwunden trüben unseren Blick auf den Chef. Oft ist es auch das Kind in uns, das sich verletzt fühlt, wenn der Chef sich ähnlich verhält wie unser Vater oder unsere Mutter. Wir haben ein übersehenes Kind in uns. Es fühlt sich ständig vom Chef übersehen, obwohl der objektiv alle anderen ähnlich behandelt. Wir haben ein überfordertes Kind in uns, das schon sehr früh Verantwortung für die Familie übernehmen musste. Es schreit auf, wenn der Chef uns eine neue Aufgabe zuteilt. Oder wir haben ein zu kurz gekommenes Kind in uns. Wir fühlen auch, dass wir in der Beziehung zum Chef zu kurz kommen im Vergleich mit anderen, die, wie wir meinen, mehr bekommen als wir.

Oft vermischen sich die Verhaltensweisen des Chefs und die Projektionen der Mitarbeiter auf ihn. Die Mitarbeiter legen den Chef fest auf bestimmte Bilder, die er auch darstellt, die aber letztlich nur ein kleiner Ausschnitt seines wahren Wesens sind. Doch wenn sie ihn auf ein bestimmtes Bild festlegen, lassen sie ihm keine Chance, die anderen Seiten zu leben. Die werden einfach nicht wahrgenommen. Der eine Chef gilt als typischer Macher, dem man keine Gefühle zutraut. Der andere wird in die Schublade gesteckt: Dem geht es nur um den Erfolg, der geht über Leichen. Einem anderen hängt man das Schild um: der hat Minderwertigkeitskomplexe. Einem anderen: Der ist ein Weichei. Der will es allen recht machen, aber er hat keine Klarheit in sich. All diese Bilder haben meistens einen Anhaltspunkt im Wesen des Chefs. Aber sie sind einseitig und legen ihn fest. Wenn ich ein so negatives Bild vom Chef in mir habe, dann werde ich nie eine gute Beziehung zu ihm aufbauen, und es wird kein Vertrauen wachsen können.

RITUAL

Schaue einmal deine Beziehung zum Chef, zu deinem Vorgesetzten, an. Dann frage dich, welche alten Muster da in dir hochkommen. Siehst du den Chef wirklich objektiv? Oder mischt sich das verletzte, das übersehene, das überforderte, das zu kurz gekommene Kind in deine Sichtweise vom Chef? Oder trüben deine Vater- oder Mutterwunden deinen Blick auf den Chef? Horche in dich hinein und frage dich: Welche Erinnerungen an meine Kindheit kommen in mir hoch, wenn ich an meine Beziehung zum Chef denke? Und dann versuche, all die verletzten Kinder in dir zu beruhigen und dich für einen Augenblick von deinen Vater- und Mutterwunden zu distanzieren. Dann schaue mit klaren Augen auf den Chef! Was siehst du dann?

Wie entstehen solche Bilder?

In vielen Firmen entsteht das Bild des Vorgesetzten durch die Gespräche der Mitarbeiter. Man spricht in der Pause über den Chef. Firmentratsch führt oft zu einseitigen Bildern. Es handelt sich nicht um ehrliche Gespräche, sondern um Gerede, in dem man alles Mögliche über den Chef zusammenredet, seine eigenen Probleme auf den Chef projiziert und ihn so auf ein bestimmtes Bild festlegt. Oft hat das dann durchaus gegenläufige Intentionen: Manchmal wird er einerseits zum Buhmann, zugleich erwartet man aber andererseits alles von ihm. Weil der Chef so ist, wie er ist, kann es in der Firma nicht weitergehen. Das heißt: Die Mitarbeiter verlagern in solchem Reden alle Verantwortung auf den Chef. Doch das ist ein infantiles Verhalten. Denn jeder Mitarbeiter trägt in einer Firma, jeder an seinem Platz, Verantwortung. Und jeder kann demnach zu einem besseren Klima und zu einem erfolgreicheren Arbeiten der Firma beitragen. Oft wird der Chef zu einer Projektionsfigur für die Probleme der Mitarbeiter, zu einer Art Sündenbock, dem man alles anlastet. In einer solchen Situation ist es die Aufgabe des Chefs, sich durch solche Bilder nicht festlegen zu lassen, sondern seinen Mitarbeitern zuzutrauen, dass sie lernfähig sind, dass sie bereit sind, auch das Bild vom Chef zu verändern, wenn er sich anders gibt. Aber es braucht viel Geduld, um gegen festgefahrene Vorurteile anzugehen. Nur dann können sich die Vorurteile langsam auflösen und der Chef kann durch sein Verhalten und Reden das Bild in die Herzen der Mitarbeiter einpflanzen, das seinem Wesen wirklich entspricht. Das geht allerdings nur durch Praxis. Reden allein hilft nicht.

Die Bilder, die der Chef von seinen Mitarbeitern hat, entstehen einmal durch seine eigenen Lebensmuster, die er in sich trägt, durch die Projektionen seiner verdrängten Schattenseiten auf die Mitarbeiter. Aber oft entstehen sie auch durch die Gespräche der leitenden Angestellten einer Firma über ihre Mitarbeiter. Auch da können oft Vorurteile zu allgemeinen Bildern werden. Vorgesetzte sollten sehr achtsam mit ihrer Sprache umgehen. Wenn sie über ihre Mitarbeiter abschätzig reden, so bilden sich in ihnen negative Bilder von ihnen. Oder sie bestätigen sich gegenseitig in ihren Vorurteilen. Das Gerede der Führungskräfte verdunkelt ihre Sicht der Mitarbeiter. Und es wirkt sich unbewusst auf die Beziehungen aus. Denn auch wenn die Führungskräfte freundlich sind, spüren die Mitarbeiter instinktiv, wie sie wirklich über sie denken.

Genauso wichtig ist, welche Bilder die Chefs oder Mitarbeiter sich von den Kunden machen. Als ein Mitarbeiter der Goldman-Sachs-Bank in einem Interview von den negativen Urteilen erzählte, die viele Führungskräfte in dieser amerikanischen Bank über ihre Kunden hatten, versuchte die Bank diese Aussagen durch einen Sprecher offiziell zu relativieren. Aber offensichtlich hatte dieser Mitarbeiter den Nerv der Bank getroffen. Wenn Führungskräfte despektierlich von den Kunden ihrer Bank oder ihrer Firma reden, dann bleibt das nicht auf die interne Stimmung beschränkt, sondern es geht von einer solchen Firma eine negative Ausstrahlung aus. Und irgendwann lassen sich die Kunden es sich nicht mehr gefallen, dass man solche Bilder von ihnen verbreitet. Auf Dauer kann eine solche Firma nicht bestehen. Sie wird ihre Kunden verlieren. Ein Unternehmensberater, der daheim bei seiner Frau ständig über die »blöden Manager« sprach, für die er Kurse hielt, bekam auf einmal keine Aufträge mehr. Irgendwie strahlt mein Reden über andere auch auf sie aus. Und sie schützen sich dann vor mir. Negative Bilder wirken nach innen, indem sie in mir selbst Blockaden erzeugen. Und sie wirken nach außen, indem sie Misstrauen säen und letztendlich zum Misserfolg führen.

RITUAL

Überprüfe dein Reden über andere, über den Chef, über deine Mitarbeiter und Mitarbeiterinnen. Schaue dir deine Reden einmal aus der Distanz an. Wo mischen sich da in deine Worte Urteile und Vorurteile? Wo bewertest du, wo entwertest du? Warum sprichst du so gerne über den oder jene? Erinnern sie dich an deine eigenen unbewussten Wünsche und Bedürfnisse? Leben sie das aus, was du dir verbietest? Oder regen sie dich auf, weil sie dich an die eigenen Wunden erinnern? Und dann stelle dir vor: Wie möchte ich ab heute über diesen konkreten Menschen sprechen? Und wie möchte ich zu ihm sprechen? Du sollst deine Worte nicht kontrollieren. Aber es ist gut, auf dein Sprechen zu achten und achtsam mit der Sprache umzugehen.

Bilder, die beflügeln

Bilder, die uns beflügeln und die zu einem positiven Engagement führen, haben für mich drei Quellen.

Die *erste* Quelle ist die positive Einstellung zu dem, was ich gerade tue. Es liegt an mir, mir jetzt für das, was ich tue, ein Bild zurecht zu legen. Ich brauche morgens, wenn ich in die Arbeit gehe, ein gutes Bild, das mich an diesem Tag bei meiner Arbeit beflügelt.

Die *zweite* Quelle ist die eigene Kindheit. Dort, wo ich als Kind mich beschäftigen konnte, ohne zu ermüden, dort, wo ich etwas leidenschaftlich gerne getan habe, entdecke ich ein Bild für mein Tun heute.

Und die *dritte* Quelle stellen für mich die Bilder dar, die in jedem Berufsbild enthalten sind. In jedem Beruf steckt ein archetypisches Bild. Das deutsche Wort »Beruf« hängt mit »Berufung« zusammen. Man übt nicht einen »Job« aus, sondern ergreift einen Beruf, weil man sich berufen fühlt. So möchte ich diese drei Quellen von Bildern betrachten.

Ich selber entscheide, was ich sehe

Ich selber entscheide, wie ich das, was ich tue, sehe. Ich selber kann auch entscheiden, mit welchem Bild ich mein eigenes Handeln belege. Mihaly Csikszentmihalyi berichtet von einer interessanten Studie. Er beobachtete etwa

1000 Kinder in ihrem Alltag und erforschte ihr Verhalten. Das Experiment, das er veranstaltete, sah so aus: »Die Kinder tragen einen Signalgeber bei sich, acht Mal pro Tag meldet der sich mit einem ›Beep‹ und die Kinder müssen dann sofort aufschreiben, was sie gerade tun und ob das, was sie gerade tun, sich eher wie ein ›Spiel‹, eher wie ›Arbeit‹, ›sowohl als auch‹ oder ›weder noch‹ anfühlt.« (S. 49) Die Kinder wurden jahrelang beobachtet. Als Erwachsenen ging es denen am besten, die als Kinder das, was sie taten, sowohl als Spiel als auch als Arbeit ansahen. Doch die, die in dem, was sie taten, weder Arbeit noch Spiel sahen, hatten später die größten Probleme. Es liegt also an uns, ob wir unsere Arbeit nur als lästige und schwierige Arbeit ansehen oder auch zugleich als Spiel. Das Bild, das wir uns von der Arbeit machen, hängt von uns selbst ab. Wir prägen dem, was wir tun, ein Bild ein. Es ist unsere Entscheidung, welche Bilder wir dem geben, was wir tun.

Der ungarische Psychologe fasst das Ergebnis seiner Forschung so zusammen: »Unsere Schlussfolgerung nach diesen langjährigen Versuchen war wirklich die, dass Kinder, die ihr Tun weder als Spiel noch als Arbeit auffassen konnten, es später sehr schwer hatten und meist gelangweilte, blasierte, desinteressierte Erwachsene wurden. Die Kinder hingegen, die die Dialektik zwischen Arbeit und Spiel erkannt hatten – nach der Devise: ›Was ich tue, ist gut für meine Zukunft, aber ich genieße es auch!‹ – haben als Erwachsene ein erfülltes Leben geführt. Für sie hatte sich der Widerspruch zwischen Arbeit und Spiel aufgelöst – und das war ihr Lebensglück.« (S. 50f)

Der erste Weg, beflügelnde Bilder für meine Arbeit zu

finden, hängt also von meiner jetzigen Einstellung ab. Ich kann die Arbeit so oder so sehen. Es ist meine Verantwortung, das, was mir vorgegeben ist, mit einem guten Bild anzuschauen. Gute Bilder lassen mich in dem, was ich tue, einen Sinn sehen, sie lassen mich das Spielerische erkennen. Sie geben mir den Blick frei für den kreativen Spielraum, den ich bei meiner Arbeit habe. Ich muss aber oft erst herausfinden, wo der Spielraum liegt.

RITUAL

Betrachte die Arbeit, die du gestern getan hast. Hast du sie als harte Arbeit erlebt oder als Spiel? Kannst du dir vorstellen, sie auch als Spiel anzusehen? Wie würdest du sie dann empfinden? Dann stelle dir vor, was du heute zu tun hast. Und überlege, wie du die Arbeit auch als etwas ansehen könntest, was dir Spaß macht. Stelle dir vor, dass du deine berufliche Arbeit ähnlich kreativ gestaltest wie die Spiele, die du dir als Kind ausgedacht hast. Lasse dich einfach auf die Arbeit ein, schaue, was dabei entsteht, und versuche, das Ganze kreativ zu gestalten. Und dann frage dich am Abend: Hat mich die Arbeit angestrengt oder hat sie Spaß gemacht? Natürlich geht es nicht darum, dir nur Arbeit auszusuchen, die dir Spaß macht. Die Kunst besteht vielmehr darin, die Arbeit, die dir aufgetragen ist, so zu gestalten, dass du sie als Arbeit und als Spiel zugleich sehen kannst.

Ich schließe die Augen und stelle mir vor: Wo konnte ich als Kind stundenlang spielen, ohne müde zu werden? Wo habe ich mich leidenschaftlich für etwas eingesetzt? Was habe ich gerne getan? Was hat mich fasziniert? Wofür konnte ich mich begeistern? Gehirnforscher sagen uns, dass ein Kind, das sich für etwas begeistert, in seinem Gehirn Synapsen bildet, die seine Kreativität und seine innere Kraft stärken.

Aus meiner eigenen Lebensgeschichte fällt mir vor allem dies ein: Als Kind hat mich das Bild inspiriert, einfach mal etwas auszuprobieren. Ich hatte als Kind immer neue Ideen, was ich selbst fabrizieren konnte. Ich habe leidenschaftlich gerne gebastelt und dabei einfach ausprobiert, was möglich ist. Es hat zwar nicht immer geklappt. Mit sieben Jahren habe ich zum Beispiel mit einfachen Mitteln eine Bank zusammengezimmert, aber als sich mein Vater darauf setzte, ist sie zusammengeklappt. Trotzdem habe ich immer wieder Neues ausprobiert und mich auch durch Misserfolge nicht entmutigen lassen. Dieses Ausprobieren ist für mich bis jetzt ein Bild geblieben, das mich motiviert. Es gibt Menschen, die Angst bekommen, wenn sie vor einer neuen Aufgabe stehen. Sie wollen sich absichern, damit sie auch überall Bescheid wissen. Sie wollen genau instruiert werden, damit sie es dann auch richtig machen. Für mich war das Experimentieren, das Ausprobieren immer ein wichtiges Bild. Es hat mich später beflügelt, auch in der Verwaltung einfach Dinge auszuprobieren und mich nicht nur an die vorgegebenen Gleise zu halten. Erst wenn ich im Tun etwas ausprobiere, kann ich sehen, ob etwas gut für mich und andere ist oder nicht. Dieses Bild vom Ausprobieren bewegt mich auch, wenn ich ein Buch schreibe. Ich kenne Menschen, die eine Schreibphobie haben, weil sie jedes Wort kontrollieren und überlegen, wie diese Worte bei andern ankommen, ob sie wirklich etwas Neues sagen. Wenn ich ein Buch anfange, weiß ich oft noch nicht, was dabei heraus kommt. Aber ich probiere einfach. Ich schreibe und im Schreiben entsteht dann langsam etwas.

Die Bilder, die uns als Kinder beflügelt haben, könnten uns auch heute noch beflügeln. Nur müssen wir die Bilder in unsere heutige Situation hinein übersetzen. Ein Mann erzählte mir, er habe gerne mit Lego-Steinen gespielt und dabei Häuser und Straßen gebaut, mit Menschen und Autos und Bussen. Er hat seine Phantasie mit den Lego-Steinen ausagiert. Auch dieses Bild hat ihn später motiviert, in seinem Leben etwas aufzubauen. Er hat ein Unternehmen gegründet und es mit einfachen Mitteln zum Wachsen gebracht. Die Phantasie, die er als Kind beim Legospiel entwickelt hat, hat ihm geholfen, seine Firma zu gründen und etwas Neues zu gestalten, was es bisher so noch nicht gab. Viele Firmengründer haben schon in ihrer Kindheit gerne etwas gestaltet und etwas Neues geschaffen. Mit dem Vertrauen, das sie als Kinder spielerisch erfahren haben, sind sie auch an die Gründung einer Firma herangegangen.

Eine Hoteldirektorin erzählte mir, sie sei als kleines Kind immer schon vom Hotel begeistert gewesen. Zu ihrem zehnten Geburtstag schenkten ihr ihre Eltern einen Tag im Hotel. Das habe sie so fasziniert, dass sie dann schließlich selbst Hoteldirektorin geworden ist. Im Gespräch wurde ihr klar, was sie damals so fasziniert hat: fremden Menschen Heimat zu schenken, für eine gewisse Zeit Menschen auf ihrem Weg die Möglichkeit der Rast zu gewähren, sich um sie zu kümmern, ihnen eine angenehme Zeit zu ermöglichen, ihnen das Leben zu versüßen und zu verschönern. Und es war sicher auch das archetypische Bild der Gastfreundschaft, die ja schon seit Urzeiten im Menschen angelegt ist. Gästen Gastfreundschaft zu gewähren, das war schon in der Antike etwas Heiliges, das über einen Austausch von Geben und Nehmen – Unterkunft gegen Geld – hinausgeht. Etwas von der Faszination der Gastfreundschaft, dass Fremde aufgenommen werden, dass Fremde zu Freunden werden, dass man, wie es in der Bibel heißt, im Gast letztlich Christus selbst aufnimmt, all das schwang sicher in ihrer Faszination vom Hotel mit. Als Hoteldirektorin war sie in der Welt, für die sie sich als Kind schon begeistert hat. Daher hatte sie genügend Energie, trotz aller Enttäuschungen durch allzu anspruchsvolle und unzufriedene Gästen, immer wieder eine Atmosphäre zu schaffen, in der sich Menschen daheim fühlten, in der Fremde Heimat erfahren durften.

RITUAL

Setze dich bequem hin und schließe die Augen. Dann versuche dich daran zu erinnern, wie und was du als Kind gespielt hast. Wo konntest du stundenlang spielen, ohne zu ermüden? Wo warst du mit Begeisterung und Hingabe dabei? Bleibe nicht einfach bei der Erinnerung stehen, sondern frage dich: Was hat mich da eigentlich so fasziniert? Was bedeutet dieses Spiel, in dem offensichtlich mein Herz aufgegangen ist, für mich heute? Welche Bedeutung steckt darin für mein heutiges Tun? Nimm dein Spielen als Bild für das, was deine Seele damals darstellen wollte. Vielleicht kannst du es als inneres Bild mit dir tragen bei allem, was du heute tust. Wenn du dir zum Beispiel in deinem Spiel eine eigene Welt aufgebaut hast, dann überlege, dass du bei allem, was du heute tust, ob als Vater oder Mutter in der Familie, ob in diesem oder jenem Beruf, immer eine eigene Welt um dich herum aufbaust. Oder wenn du gerne mit der Eisenbahn gespielt hast, überlege, was du heute bewegen möchtest, wo du heute die verschiedenen Gleise deines Lebens miteinander verbinden könntest. Wenn du mit Puppen gespielt hast, dann überlege, was du dargestellt hast und wie du heute in der Begegnung mit den Menschen die Welt schaffen könntest, die du damals im Spiel vor Augen hattest. Versuche in allem, was du damals gespielt hast, ein Bild zu sehen für das, was du jetzt tust. Wenn du mit den Bildern in Berührung kommst, die dir dein früheres Spielen aufzeigen möchte, dann wirst du in dir vielleicht einen neuen Energieschub spüren. Du spürst: Ja, das bin ich. Das ist meine persönliche Weise, zu leben, zu arbeiten, etwas in dieser Welt zu bewegen. Du wirst in dir eine Quelle von Freude und Kraft spüren, aus der du schöpfen kannst für deine Arbeit und für dein Leben.

Ich kann in meiner Kindheit nach Bildern suchen, die mich beflügeln. Ich kann aber auch jetzt in der Gegenwart für meinen Beruf nach Bildern suchen, die mir das Gefühl geben, einen wichtigen Beruf zu leben. Das ist für mich der dritte Weg: In jedem Beruf steckt ein Bild, das mich motiviert, diesen Beruf gerne auszuüben. Oft sind es archetypische Bilder, die mich in Berührung bringen mit meinem wahren Selbst und mit der inneren Quelle, die in mir sprudelt. Archetypische Bilder – so sagt C. G. Jung – zentrieren mich, sie bringen mich in Berührung mit meinem wahren Selbst und sie bewegen mich, sie bringen mich in Bewegung. Sie bringen die Energie in mir zum Fließen.

Martin Luther hat das schöne Wort »Beruf« geprägt. Er hat damit das lateinische Wort »vocatio« übersetzt, das in der Bibel den Ruf Gottes an den Menschen meint. Die Wurzel des »Berufs« ist daher die Berufung, die von Gott ergeht. Aber für Luther bedeutet Beruf auch den Stand und das Amt des Menschen in der Welt. Meister Eckehart sieht im weltlichen Beruf zugleich einen göttlichen Auftrag. Heute sprechen wir oft vom Job, den wir haben. »Job« meint eigentlich die Gelegenheitsarbeit, die wir gerade verrichten, oder eine Stelle, die wir schnell einmal annehmen, um Geld zu verdienen. Im Wort »Job« steckt letztlich kein gutes Bild. Ein Job ist nur Mittel zum Zweck. Doch Beruf ist eine Aufgabe, die den Menschen prägt und ihm auch Würde schenkt. Denn im Beruf lebt er seine Berufung von Gott her.

Ich habe vor Polizisten einen Vortrag gehalten, die beim

Amoklauf von Winnenden im Einsatz waren. Diesem Amoklauf folgten viele schwierige Erfahrungen: etwa Eltern mitzuteilen, dass ihr Sohn tödlich verunglückt ist; Kinder zu schützen, die dem sexuellen Missbrauch ausgesetzt waren; die Angst vor gefährlichen Einsätzen; die Ungewissheit, ob man mit dem Leben davonkommt oder nicht; beschimpft und beleidigt zu werden von Demonstranten, die meinen, nur sie seien im Recht und die Polizisten müssten ihr Dasein rechtfertigen. Da braucht es für die Gegenwart heilsame Bilder: entweder archetypische Bilder, die die Bedeutung des Berufes aufzeigen, oder aber Werte, die dem Beruf seinen Wert und seine Würde geben. Das Wort »Polizei« kommt von grch. »polites = Staatsbürger« und »politeia = Bürgerrecht, Staatsverwaltung«. Die Polizei dient der Aufrechterhaltung der staatlichen Ordnung. Sie schützt das Bürgerrecht. Sie sorgt dafür, dass die Bürger in einer Stadt in Sicherheit und Frieden wohnen können. Es ist eine archetypische Aufgabe, die es in allen Kulturen gibt. Es braucht Hüter der Ordnung, Schützer des Friedens und des Miteinanders. Man könnte also an der ursprünglichen Bedeutung des Wortes Bilder entdecken, die heute die Polizisten in ihrem oft schwierigen Dienst motivieren.

Für mich ist aber auch wichtig, dass ich den Beruf mit Werten in Verbindung bringe. Und da ist für mich vor allem der Wert oder die Tugend der Hoffnung wichtig. Wertvoll ist, was von Hoffnung durchdrungen ist und Hoffnung vermittelt. Wenn ich mir klar werde, dass ich als Polizist ein Hoffnungsträger bin, dass ich den Menschen in meiner Gegend Hoffnung vermittle, Hoffnung auf Sicherheit, Hoffnung auf Frieden, Hoffnung auf Ordnung und ein geordnetes Leben, auf Verlässlichkeit, Hoffnung auf ein gutes Miteinander, Hoffnung auf ein gelingendes Leben, dann kann ich jeden Morgen mit einem guten Gefühl zur Arbeit gehen. Wenn ich an die Beschimpfungen denke, denen ich als Polizist oft ausgesetzt bin, dann belastet mich der Gedanke daran. Oder wenn ich an die Gefahren denke, in die ich geraten könnte, dann lähmt mich das. Ich brauche ein Hoffnungsbild, das mich beflügelt. Man könnte sich ja vorstellen, wie es in einem Land zuginge, wenn es keine Polizisten gäbe. Dann wäre der Willkür keine Grenze gesetzt, das Böse und Zerstörerische könnte sich ausbreiten. Wir spüren den Unterschied, wenn wir in andere Länder kommen, in denen die Polizei kein gutes Image hat. Es gibt Länder, da ist die Polizei korrupt und macht mit den Verbrechern gemeinsame Sache. Da kann man sich auf nichts verlassen. Das öffnet der Ungerechtigkeit Tür und Tor. Eine gute Polizei ist ein Segen für ein Land. Wenn ich mit diesem Bild des Segens, den ich in meinem Beruf in die Welt trage, in die Arbeit gehe, dann fühle ich mich beflügelt.

Jeder Beruf hat letztlich die Aufgabe, Hoffnung zu vermitteln: Der Architekt baut Häuser, die den Menschen Hoffnung schenken auf Heimat, Geborgenheit, Gemeinschaft, Schutz. Der Arzt vermittelt Hoffnung auf Gesundheit und ein glückliches Leben. Der Therapeut schenkt den Klienten die Hoffnung, dass sie ihr Leben meistern werden. Der Lehrer unterrichtet nicht nur Stoffe, er ist für die Schüler und Schülerinnen ein Repräsentant der Hoffnung auf Bildung, auf gute Bilder, auf erfülltes Leben.

RITUAL

Nimm dir Zeit, über deinen Beruf nachzudenken. Fühlst du eine Berufung zu diesem Beruf oder ist es nur ein Job, um Geld zu verdienen? Welche Bilder findest du für deinen Beruf? Welchen Sinn entdeckst du in deinem Beruf? Und wie würde das aussehen, mit deinem Beruf anderen Hoffnung zu vermitteln? Welche Hoffnung kannst du durch deinen Beruf in den Menschen wecken? Hoffnung auf Verlässlichkeit, auf Miteinander, auf Gelingen des Lebens, auf Sicherheit, auf Geborgenheit? Beruf ist immer etwas, das ich in Verantwortung für andere ausübe. Spürst du in deinem Beruf die Verbundenheit mit anderen? Stelle dir vor, dass du in dem, was du tust, zum Segen für andere wirst. Wie erlebst du dann deinen Beruf?

Bilder, die beflügeln

Was unser Beruf bedeuten kann

In Berührung kommen mit dem archetypischen Bild

Fast jeder Beruf trägt ein archetypisches Bild in sich. Für mich ist es wichtig, die archetypische Bedeutung jedes Berufs sichtbar zu machen. Die archetypische Dimension eines Berufes zeigt auch, dass in jedem Beruf ein Hoffnungspotenzial steckt, dass jeder Beruf letztlich den Menschen Hoffnung auf ein erfülltes Leben zu vermitteln vermag. Es ist gut, sich der archetypischen Bedeutung bewusst zu werden und sich zu fragen, welche Hoffnung von meinem Beruf ausgeht. So möchte ich einige Berufe nach ihren archetypischen Bildern befragen und betrachten.

Jeder kennt Menschen, die leidenschaftlich bei ihrer Sache sind. Da gibt es Künstler, die ganz in ihrem Schaffen aufgehen, Ärzte, die ihren Beruf als Berufung sehen. Man merkt es ihnen an, dass sie gerne arbeiten und dass es bei ihnen fließt. Die Frage ist, warum es bei ihnen fließt. Ein Grund ist für mich, dass sie mit dem archetypischen Bild in Berührung sind, das ihren Beruf prägt.

Berufe, in denen eine archetypische Dimension steckt, kennen wir alle. Ich möchte nur einige anschauen wie: Arzt, Lehrer, Priester, Polizist, Rechtsanwalt, Richter, Therapeut, Erzieher, Krankenschwester, Krankenpfleger, Landwirt, Unternehmer, Gastwirt und die vielen Dienstleister, die alle irgendeinen »Service« für die Menschen bieten.

Das Wort »*Arzt*« kommt vom griechischen »archiatros = Oberarzt, Chefarzt«. Dieses wiederum kommt von dem Wort »iatrein = heilen«. Die Sehnsucht nach Heilung steckt in jedem Menschen. Daher setzen wir auf den Arzt immer hohe Erwartungen, manchmal verbinden wir numinose Bilder mit ihm. Der Arzt begegnet Menschen, die in ihrer Krankheit offen sind für archetypische Bilder. Sie trauen ihm das Wunder der Heilung zu. Das kann natürlich auch eine Gefahr für den Arzt sein. Er darf sich nicht mit diesen archetypischen Bildern identifizieren. Doch das archetypische Bild will ihn mit den Fähigkeiten in Berührung bringen, die in seiner Seele schlummern. Unabhängig von seinem Studium soll das Bild des Arztes ihn mit den heilenden Kräften seiner Seele verbinden, die der Arzt nur in Dankbarkeit für die Befähigung durch Gott ausüben kann. Ein Arzt, der sich von dem archetypischen Bild leiten lässt, vermittelt den Patienten Hoffnung auf Heilung, auf Gesundheit, auf ein gutes Leben.

Mit dem Arzt hängt auch das archetypische Bild des *Therapeuten* zusammen. Wir verstehen heute unter einem Therapeuten jemanden, der die Seele eines psychisch erkrankten Menschen durch Gespräche und verschiedene andere psychologische Methoden zu heilen versucht. Im Griechischen heißt »therapeuein« eigentlich: »dienen, bedienen«, aber auch »mildern, warten, pflegen und ärztlich behandeln, heilen«. Von ihrem Ursprung her besteht die Therapie darin, dem Menschen zu dienen, damit er zu seinem wahren Selbst findet, ihn in seiner Suche nach seiner inneren Wahrheit zu unterstützen und seine Schmerzen zu lindern. Der Therapeut dient dem Leben seiner Klienten, in der Hoffnung, dass krankmachende Lebensmuster gemildert werden und der Klient durch die Begleitung Heilung erfährt. Das archetypische Bild könnte die Seele des Therapeuten beflügeln und ihm Vertrauen schenken, dass durch seinen Dienst der Klient zu sich selber findet, zu seiner Wahrheit und zu seiner Heilung. Es entlastet ihn von dem Druck, selbst ein Heiler sein zu müssen und selbst heilen zu können. Er dient der Heilung, die für die Griechen immer ein spiritueller Prozess war und letztlich Gott zusteht. Daher kannten die Griechen einen eigenen Heil-Gott, den Asklepios. Er wirkt das Wunder der Heilung. Und es braucht immer auch das Heilige, damit Heilung geschehen kann. Der Therapeut hat also die Aufgabe, die Klienten mit dem Heiligen in sich in Berührung zu bringen, mit dem heiligen Raum in sich, in dem sie schon heil und ganz sind, in dem sie frei von den Erwartungen und Urteilen der Menschen und geschützt von den Verletzungen und Kränkungen von außen sind.

Auf die Spur des Lebens führen

Das deutsche Wort »*Lehrer*« meint ursprünglich: einer Spur nachgehen, jemanden einführen in das Wissen. Der Lehrer belehrt nicht, sondern er zeigt einen Weg auf, wie der Lernende die Spur seines Lebens finden kann. Dem entspricht das griechische Wort für Lehrer: »kategetes«, das »Wegführer« bedeutet. Ein Lehrer ist für die Griechen der, der vorangeht, der anleitet, der anfängt. Der Lehrer erfüllt auch die archetypische Sehnsucht nach Anleitung und nach einem Menschen, der den Weg vorangeht und so mit seinem Beispiel Hoffnung vermittelt, dass auch die Lernenden ihm auf diesem Weg folgen und dabei zu ihrem wahren Wesen finden. Als »kategetes« wird zum Beispiel Aristoteles bezeichnet, der große griechische Philosoph. Es meint in diesem Zusammenhang »den geistigen Berater und Gewissensleiter«. (Grundmann 486f) Der Lehrer geht nicht dadurch, dass er über mehr Informationen verfügt, äußere Wege bei der bloßen Vermittlung von Wissen voran. Er leitet auch das Gewissen des Lernenden an, damit diese auf ihre eigene Seele zu hören vermögen, auf das, was ihr Gewissen, ihr inneres Wissen (»syneidesis = das innere Zusammenschauen«) ihnen sagt. Nicht immer stimmt das Selbstbild eines Lehrers heute mit einer solchen Sinnbestimmung überein. Da geht etwa eine Lehrerin jeden Tag mit dem Bild der Dompteuse in die Schule. Kein Wunder, dass dieses Bild sie selbst lähmt und auch die Lernsituation in der Begegnung mit den Schülern behindert. Wenn sie dagegen das archetypische Bild der Lehrerin in sich einbildet, dann kommt sie in Berührung mit ihren eigenen Fähigkeiten. Dann spürt sie innere Kraft in sich und entdeckt in ihrer Seele die Fähigkeit, den Schülern und Schülerinnen voranzugehen und sie zu ihrem wahren Wesen zu führen. Dieses Bild beflügelt sie. Wenn sie dagegen nur auf die schwierigen Kinder schaut und auf ihre eigene Unfähigkeit fixiert ist, für Disziplin zu sorgen, dann ist sie letztlich abgeschnitten von den Möglichkeiten, die in ihrer Seele liegen. Das archetypische Bild des Lehrers bringt sie in Berührung mit diesen Fähigkeiten. So geht sie mit mehr Selbstvertrauen in die Schule und wird erleben, dass sie die Schüler erreichen kann. Denn in jedem ist diese Sehnsucht vorhanden, die Spur zum gelingenden Leben zu finden.

Das Wort »*Erzieher*« meint eigentlich den, der das Wesen des Kindes aus ihm herauszieht, oder der das Kind aus dem Unbewussten herauszieht, um ihn ins Bewusste zu führen, aus der Unmündigkeit in die Mündigkeit. Das griechische Wort dafür heißt: »Paidagogos«. Er ist der, der das Kind führt und begleitet und ihm gutes Benehmen beibringt. Klemens von Alexandrien hat im 2. Jahrhundert Jesus als den wahren Pädagogen beschrieben, der uns durch seine Lehre und sein Beispiel zu einem besseren Leben führt. Der Beruf des Erziehers oder Pädagogen ist uralt. In ihm steckt die Leidenschaft, Menschen in ihre je einmalige Gestalt hinein zu formen. Er realisiert den Wunsch, einen Menschen auf seinem Weg zu begleiten, damit er dieses einmalige Bild in sich verwirklicht. Erzieher, die sich der Bildhaftigkeit ihres Berufes bewusst werden und sich in ihrem alltäglichen Tun auf dieses Bewusstsein beziehen, schöpfen aus einer nie versiegenden Quelle.

Menschen aufrichten und ausrichten

Im *Richter* drückt sich ein anderes archetypisches Bild aus. Das deutsche Wort »Richter« kommt von »recht = aufrecht, gerade«. Der Richter ist also der, der etwas gerade rückt. Und der Richter hat letztlich die Aufgabe, die

Menschen wieder auszurichten auf ihr wahres Wesen, auf ein Leben hin, das ihrem Wesen entspricht. Und letztlich hat er die Aufgabe, den Menschen wieder auf Gott hin auszurichten. Er soll Recht schaffen und für Gerechtigkeit sorgen. Er soll dafür sorgen, dass etwas wieder richtig wird, so, wie es eigentlich gedacht ist. Das griechische Wort für Richter, »krites«, geht von einem anderen Bild aus. Krites ist der, der etwas scheidet, unterscheidet, entscheidet. Weil er zu unterscheiden vermag, wird er zum Schiedsrichter. Er beurteilt die Situation, er unterscheidet die verschiedenen Meinungen und Verhaltensweisen und versucht, die verschiedenen Teile wieder richtig zusammenzusetzen. Das deutsche Wort »Richter« bezieht sich in seinem ursprünglichen Bedeutungsgehalt auf das Bild, etwas Krummes wieder geradezubiegen und in Ordnung zu bringen. Das griechische Bild erwartet vom Richter, dass er alles zuerst auseinandernimmt, scheidet, um zu unterscheiden und dann zu entscheiden. Er fällt ein Urteil. Er spricht Recht. Er fügt das, was getrennt worden ist, auf neue Weise zusammen. Das Wort »krites = Richter« ist verwandt mit Krise, die auch etwas unterscheidet, um es neu zusammenzusetzen. Jede Krise bedeutete für die Griechen eine Chance. So bietet der Richter die Chance auf eine neue Sichtweise und einen neuen Anfang. Das archetypische Bild des Richters befreit die heutigen Amtsinhaber von der ängstlichen Ungewissheit, ob sie alle Gesetze und Urteile berücksichtigten und ob sie in ihrer Tätigkeit angreifbar seien. Es befähigt sie vielmehr – ihre fachliche Kompetenz vorausgesetzt –, etwas richtig zu machen: Menschen wieder auszurichten auf Gott und auf ihre eigene Wahrheit, und etwas zu scheiden, damit ein neuer Anfang möglich wird. Wenn ein Richter dieses archetypische Bild in sich eindringen lässt, dann wird seine Seele beflügelt.

Verbundenheit mit allem leben

Ein archetypisches Bild ist auch das des *Bauern*, das man auch in Zeiten technischer und wirtschaftlicher Umstrukturierungen im Agrarbereich noch in Erinnerung rufen darf. Im Mittelalter vermittelte das deutsche Wort »Bauer« einmal ein negatives Image. Es führte den grobschlächtigen, ungehobelten Nachbarn vor Augen. Doch heute hat das Wort »Bauer« durchaus einen positiven Klang: Er ist der, der das Land bebaut, der Pflanzen anbaut und das Feld bestellt. Diese Bedeutung hatte auch das griechische Wort »georgos«: der, der die Erde bebaut. Georgos kann der Bauer, aber auch der Winzer sein. Jesus selbst vergleicht Gott mit einem »georgos«, mit einem Winzer, der den Weinstock beschneidet. Heute verwendet man eher den Begriff des Landwirts bzw. der Landwirtschaft. Wirt ist eigentlich der Herr des Hauses, der dem Gast eine Gunst erweist und ihn bewirtet. Im 17. Jahrhundert ist dann das Wort »wirtschaften« auf viele Berufe ausgedehnt worden, eben auch auf die Landwirtschaft. Der Landwirt ist der, der durch die Früchte der Erde den Menschen eine Gunst erweist. »Wirt« hängt mit »wahr« zusammen. Ein Landwirt wird der Wahrheit der Natur gerecht, wenn er sie so behandelt, wie es ihrem Wesen entspricht. Bauer ist wohl einer der frühesten Berufe. Gott selbst beruft den Menschen zum Bauern: »Gott, der Herr, nahm also den Menschen und setzte ihn in den Garten von Eden, damit er ihn bebaue und hüte.« (Gen 2,15) Der Mensch hat also von Gott den Auftrag, die Erde zu hegen und zu pflegen, damit sie die Früchte bringt, die Gott dem Menschen schenkt. Doch nach der Vertreibung aus dem Paradies wird der Ackerboden verflucht. Und so gilt: »Unter Mühsal wirst du von ihm essen alle Tage deines Lebens.« (Gen 3,17) So wird die Arbeit des Bauern zur Mühsal und Plage. Heute sind viele Großbauern industrialisierte Unternehmer. Aber da sie zum großen Teil in der Natur arbeiten, bringt sie die Naturnähe doch noch mit dem inneren Bild des Bauern in Berührung. Mihaly Csikszentmihalyi erzählt von einer 67-jährigen italienischen Bäuerin, die ganz in ihrem Beruf aufging. Sie erzählte, »sie käme mit allem und allen ins Gespräch, mit den Menschen, den Tieren, den Pflanzen, den Zugvögeln. Das würde sie zutiefst zufriedenstellen und glücklich machen«. (S. 53) Solche tief gelebte Erfahrung der Verbundenheit schützt in der Tat vor Burnout – auch wenn die damit verbundene Arbeit hart und anstrengend sein mag.

Gemeinschaft zwischen Menschen stiften

Heute ist von verschiedenen Dienstleistungen und Serviceunternehmen die Rede, wenn wir etwa von der Tourismusbranche sprechen. Aber auch da kommen wir doch immer wieder auf das alte Bild des Gastwirts. Der *Gast-*

wirt ist ein fast ebenso alter Beruf wie der Bauer. Schon in der Bibel finden wir ihn gewürdigt. Jesus selbst spricht im Gleichnis vom barmherzigen Samariter sehr positiv vom Wirt der Herberge. Der Samariter bringt den unter die Räuber gefallenen Mann in eine Herberge und sorgt für ihn: »Am anderen Morgen holte er zwei Denare hervor, gab sie dem Wirt und sagte: Sorge für ihn, und wenn du mehr für ihn brauchst, werde ich es dir bezahlen, wenn ich wiederkomme.« (Lk 10,35) Das deutsche Wort »Wirt« kommt von »wahr« und meint den, der vertrauenswürdig ist, der Vertrauen stiftet und seinen Gästen einen Raum des Vertrauens und der Gastlichkeit vermittelt. Das griechische Wort, das Lukas im Gleichnis vom barmherzigen Samariter verwendet, ist: »pandochos«. Das ist der, der alle aufnimmt, die bei ihm vorbeikommen. Es kann aber auch einen Menschen bezeichnen, der alles in sich aufnimmt, der also alle Seiten in sich selbst akzeptiert. Offensichtlich hängt das miteinander zusammen. Ich kann nur andere Menschen, gerade auch Fremde und Reisende, aufnehmen, wenn ich das Fremde in mir selbst aufgenommen und zugelassen habe. Auch in diesem Beruf stecken archetypische Bilder, die Menschen beflügeln könnten, die heute in der Tourismusbranche oder im Gastgewerbe tätig sind. Der Gastwirt ist einer, der Menschen eine Herberge vermittelt, und das bedeutet: einen Raum der Geborgenheit und des Vertrauens. Und er ist einer, der alle aufnimmt, der Gemeinschaft zwischen den verschiedenen Menschen stiftet, der Grenzen niederreißt, zu allen Menschen Beziehung aufnimmt und dadurch dafür sorgt, dass in unserer Gesellschaft ein gutes Miteinander entsteht.

Auch der *Kaufmann* ist ein alter Beruf, von dem schon Jesus in der Bibel spricht. Jesus vergleicht das Himmelreich »mit einem Kaufmann, der schöne Perlen suchte. Als er eine besonders wertvolle Perle fand, verkaufte er alles, was er besaß, und kaufte sie.« (Mt 13,45f)

Das deutsche Wort »Kaufmann« ist abgeleitet vom lateinischen »caupo«, das den Schankwirt und Gelegenheitshändler meint, der die römischen Truppen begleitete und mit den Germanen einen regen Handel betrieb. Das griechische Wort »emporos« ist hingegen der, der auf einem Schiff reist und mit Waren handelt. Die Griechen verbanden also mit dem Kaufmann einen Menschen, der lange Fahrten unternimmt, um die Waren von einem Land zum anderen zu bringen, der also den Menschen das bringt, was sie zum Leben brauchen, was sie aber in ihrem eigenen Umfeld nicht haben. Auch darin steckt ein schönes Bild: für Menschen zu sorgen, damit ihr Leben von Dingen bereichert wird, die in anderen Ländern produziert werden, weil es dort die entsprechenden Pflanzen oder Rohstoffe gibt. Im Mittelalter entstand das Bild des ehrbaren Kaufmanns, der sich an Werte hält, der ehrenhaft handelt, der ehrlich ist und seinen Kunden die Ehre erweist, die ihnen gebührt. Wenn wir das Wesen dieses Berufes bedenken, entdecken wir darin auch Bilder, die uns beflügeln können.

Heute gibt es viele neue Berufe, die wenig mit den alten Berufsbildern zu tun haben. Aber auch in ihnen stecken oft archetypische Anteile und Aspekte, die in einem ursprünglichen Sinn zum Menschsein, ja zum Leben gehörenWir alle sind, von Anfang an und während des ganzen Lebens, auf andere Menschen angewiesen. Leben heißt in einem ganz elementaren Sinn auch: Helfen und auf Hilfe angewiesen sein, in Kooperation und Kommunikation existieren. »Service« ist ein Wort, das in gesellschaftlichem Zusammenhang Dienstleistung, Betreuung meint und auch auf ganz bestimmte Berufsgruppen angewendet wird. Da gibt es etwa die vielen Service-Berufe. Diese Menschen dienen anderen. Das heißt nicht, dass sie sich kleinmachen. Sie dienen vielmehr dem Leben und einem guten Zusammenleben. Sie wecken Leben in den Menschen, denen sie einen Dienst erweisen. Da gibt es die vielen Service-Berufe, die rund um die EDV entstanden sind, Männer und Frauen, die einzelne Firmen unterstützen, ein gutes Programm für ihre Aufgaben zu entwickeln, die Arbeit zu erleichtern und zu strukturieren. Wir kennen inzwischen sehr viele Beratungsberufe: den Bankberater, den Vermögensberater, den Versicherungsberater, den Farbberater, den Eheberater, den Unternehmensberater. In nahezu allen Bereichen unseres immer komplizierter werdenden Lebens gibt es heute Fachkräfte, die einen solchen Beratungsservice als Hilfestellung anbieten. Auch sie tragen archetypische Bilder in sich, die sie zu mehr und zu etwas anderem machen als zu bloßen Spezialisten in einem

Teilbereich. Offensichtlich kennen die Menschen oft nicht den Weg, der sie weiterbringt. Da brauchen sie andere, die mit ihnen gemeinsam überlegen, was für sie stimmig ist. Raten heißt ursprünglich auch: für jemanden sorgen und Vorsorge treffen. Die vielen Berater wollen den Menschen helfen, dass sie für sich selbst gut sorgen, damit ihr Leben gelingt, damit sie für die Zukunft vorsorgen. Das Sprichwort sagt: »Guter Rat ist teuer.« Es ist wertvoll, wenn Menschen mich gut beraten, wenn sie mir nicht etwas aufdrängen, sondern mit mir gemeinsam überlegen, was ich brauche, damit mein Leben gelingt.

Schwächeren Hilfe leisten

Auch die vielen Helferberufe, die unsere arbeitsteilige Gesellschaft kennt, tragen archetypische Bilder in sich. Zu den helfenden Berufen gehören alle Pflegeberufe: Krankenschwester, Altenpfleger, Sozialarbeiter, die Dorfhelferin, die Familienhelferin. Auch die therapeutischen, ärztlichen und seelsorglichen Berufe fallen unter die Helferberufe. Seit Wolfgangs Schmidbauers berühmtem Buch »Die hilflosen Helfer« sind diese Berufe in den Verdacht geraten, dass die, die sie ausüben, anderen helfen, obwohl sie selbst der Hilfe am meisten bedürfen. Doch wir dürfen wegen der Gefährdung der Helferberufe – auf diesen Berufsstand ist ja das Wort vom »Ausbrennen«, dem Burnout zuerst angewandt worden – nicht die positive archetypische Seite des Helfens übersehen. Einem anderen Menschen zu Hilfe zu kommen, Hilfe zu leisten dem gegenüber, der sich nicht selber zu helfen vermag, das entspricht einem hohen menschlichen Ethos. Es gibt viele Menschen, die leidenschaftlich gerne helfen. Sie gehen darin auf. Das darf man nicht von vorneherein verdächtigen. Wer anderen hilft und die Dankbarkeit erlebt, der hat selbst etwas davon. Er gibt nicht, weil er braucht, sondern er gibt, weil er gerne gibt und weil er selber immer wieder aus einer inneren Quelle der Freude schöpft. Es gibt das Sprichwort: »Wer viel gibt, der braucht auch viel.« Natürlich gibt es Menschen, die viel geben, die anderen gerne helfen, weil sie selbst viel brauchen. Sie brauchen Zuwendung, Bestätigung. Sie brauchen das Gefühl, dass sie gebraucht werden. Wer gibt, weil er braucht, der verausgabt sich. Wer jedoch gibt, weil er selbst Liebe genommen hat, weil er aus einer inneren Quelle heraus gibt, der bekommt auch etwas dafür. Er erlebt die Dankbarkeit des Beschenkten, die ihn selbst beschenkt. Aber er gibt nicht, damit er beschenkt wird. Er gibt, weil es aus ihm herausfließt. Und das macht die Menschen durchaus glücklich. Wer aus dieser inneren Haltung heraus gibt, der fällt nicht in ein Loch, wenn man seiner Hilfe nicht mit Dank und Anerkennung begegnet. Wer jedoch seine ganze Energie ins Helfen verlegt, weil er selbst Bewunderung braucht, der wird zu Boden gedrückt, wenn seiner Hilfe der Dank verweigert wird, ja wenn er sogar dafür kritisiert wird.

Ein archetypisches Bild steckt auch in dem Wort »Pflege«. Der Pfleger setzt sich für jemanden ein, er steht für ihn ein, er sorgt und betreut ihn und hegt ihn. Und Hegen kommt von »hagios = heilig«. Der Pfleger schafft einen heiligen Raum um den Kranken, einen Raum, in dem er abgesondert ist, in dem er genesen kann. Und er bringt den Kranken oder Behinderten in Berührung mit dem heiligen Raum in sich selbst, in dem er trotz aller Krankheit und Behinderung heil ist und ganz. Wer andere hegt und pflegt, der schafft einen Raum der Behaglichkeit. Und er hütet die Menschen, damit sie zu ihrem wahren Selbst findet. Hegen und Pflegen ist der Urauftrag, den Gott den Menschen bei der Schöpfung gegeben hat. Der Mensch soll nicht nur die Natur hegen und pflegen, sondern auch Menschen, die der Pflege bedürfen. Andere zu hegen und zu pflegen ist nicht immer leicht. Denn es gibt auch schwierige kranke Menschen, die mit nichts zufrieden gestellt werden können. Gerade dann ist es wichtig, dass die Krankenschwestern und Krankenpfleger mit dem archetypischen Bild des Helfens, Pflegens und Hegens in Berührung sind.

Durch Sprache Denken prägen

Ein anderer wichtiger Berufsbereich sind die *Kommunikationsberufe*: Journalisten, Zeitungsreporter, Fernsehmoderatoren, Rundfunksprecher, Schauspieler, Theaterregisseure und andere – sie alle arbeiten mit der Sprache, mit der Stimme und mit Bildern. Sie prägen die Meinung der Gesellschaft. Sie haben eine hohe Verantwortung für die Sprache, die in einer Gesellschaft gesprochen wird und die das Denken der Menschen prägt. Wenn alle, die in Kommunikationsberufen arbeiten, sich ihrer Verantwortung für die Sprache bewusst werden, dann spüren sie, wie viel sie in einer Gesellschaft bewirken können. Sie gehen dann nicht in den Konflikten auf, die es im Redaktionsteam, mit dem Inhaber der Zeitung oder mit den Fernsehverantwortlichen gibt. Sie spüren die Faszination, durch ihre Sprache das Denken einer Generation zu prägen und durch ihre Sprache Verwandlungsprozesse in Gang zu setzen.

Zusammenleben sicherer und leichter machen

Doch auch Menschen, die einen Beruf ausüben, der die Welt der modernen Technik »am Laufen hält«, brauchen gute Bilder, damit ihre Seele in ihrem Beruf beflügelt wird: seien das *Informatiker, Programmierer, Börsenhändler, Bankangestellte, Betriebswirte, Ingenieure oder Spezialisten anderer Profession.* Wenn sie ein solches sinnstiftendes Bild in sich tragen, wird ihnen ihr Beruf nicht ihre Kraft rauben, sondern sie mit Kraft erfüllen. Auch in allen diesen Berufen stecken beflügelnde Bilder. Der Informatiker etwa dient der Information der Menschen in dem Sinn, dass Voraussetzungen geschaffen werden, damit Menschen in guter Weise miteinander kommunizieren können. Der Programmierer versucht die Arbeitsabläufe der Menschen zu verstehen und durch seine eigene Einbildungskraft in von ihm entwickelten Programmen diese Prozesse so zu gestalten, dass es für alle leichter wird. Natürlich gibt es auch in diesen Berufen Menschen, die das, was sie tun, nur funktional-technisch sehen oder alles nur tun, um möglichst viel Geld zu verdienen. Aber wenn etwa Börsenhändler, Bankangestellte oder Betriebswirte sich nur vom Geld leiten lassen, werden sie von ihrer inneren Quelle abgeschnitten. Das Geld kann eine Zeit lang antreiben. Aber es ist keine Quelle von Energie, die auf Dauer wirkt. Im Ingenieur steckt das Wort »ingenium = natürliche Begabung, Scharfsinn, Erfindungsgeist«. Der Ingenieur findet nicht nur vordergründig neue technische Lösungen bei der Konstruktion von Maschinen, beim Bau von Häusern und Straßen. Er dient der Idee des Fortschritts, und in seinem Berufsbild steckt auf einer tieferen Ebene das Bild der Hoffnung: Er vermittelt den Menschen durch seine Kreativität die Hoffnung auf bessere Lösungen ihrer alltäglichen Probleme, oder anders formuliert: auf ein wertvolleres, leichteres und sichereres Leben.

Der Beruf ist nie alles

So segensreich archetypische Bilder für unseren eigenen Beruf sind, so sehr sollten wir uns freilich auch davor hüten, uns mit den archetypischen Bildern zu identifizieren oder ganz in unserem Berufsbild aufzugehen. Wir brauchen immer auch Abstand zum Beruf. Wer als Lehrer auch daheim noch das Bild des Lehrers verkörpert, der wird für seine Kinder nicht zum Segen. Die Kinder brauchen einen Vater und eine Mutter und nicht einen, der sie ständig belehrt. Der Richter muss daheim die Rolle des Richters loslassen, um ganz Mensch zu sein. Wer sich total mit der Rolle seines Berufs identifiziert, der verliert seine Persönlichkeit. Er ist nur noch sein Beruf. Das tut ihm selbst und seiner Umgebung nicht gut.

Wir spielen Rollen und müssen sie immer wieder auch loslassen. Wir brauchen Distanz zu unseren Berufsrollen. Wir brauchen aber auch Distanz zu unserem Beruf. In der Diskussion um einen Ausgleich zwischen Beruf und privatem Leben spricht man von der »Work-life-Balance«. Die Arbeit und das Leben brauchen eine gesunde Balance. Wenn wir nur vom Beruf her leben, dann überfordert uns das. Wir brauchen Räume, die nicht von unserem Beruf geprägt sind. In der Antike sprach man von Muße als einer freien Zeit, in der man über die wichtigen Dinge des Lebens nachdachte. Heute sprechen wir von zweckfreien Räumen, in denen wir uns frei fühlen von dem Druck, etwas für andere leisten zu müssen. Wir brauchen Räume zum Aufatmen. Das gehört zum gesunden Rhythmus des Menschen. Daher braucht es auf der einen Seite die Bereitschaft, sich ganz auf seinen Beruf einzulassen und mit Begeisterung das zu tun, was der Beruf von einem verlangt. Auf der anderen Seite braucht es aber auch die Befähigung, sich vom Beruf und seiner Berufsrolle zu distanzieren, um einfach nur Mensch zu sein. Ich bin nicht nur mein Beruf, ich bin auch Vater oder Mutter, ich bin Mann oder Frau, ich bin diese einmalige Person, die aufatmen möchte, die gerne spielt, wandert, Musik macht und Musik hört, die gerne über das spricht, was sie wirklich bewegt. All das braucht Raum in meinem Leben, damit ich nicht in Gefahr gerate, nur in meinem Beruf aufzugehen und mich so zu überfordern, dass es zum Zusammenbruch kommt.

RITUAL

Betrachte deinen Beruf. Ist es ein alter Beruf, ein Beruf mit einem archetypischen Bild? Welche Bilder tauchen in dir auf, wenn du an deinen Beruf denkst? Gibt es da Bilder, die dich bewegen, motivieren, inspirieren? Schaue das Wortfeld an, das mit deinem Beruf verbunden ist. Vielleicht tauchen dann neue Bilder für das auf, was du eigentlich tust. Und du wirst es dann bewusster tun. Du spürst, dass du mit deinem Beruf eine Antwort gibst auf wesentliche Sehnsüchte des Menschen. Und du spürst, dass dein Beruf seit jeher eine Quelle des Segens für die Menschen war. Stelle dir vor, wie du heute mit deinem Beruf zum Segen für die Menschen wirst, mit denen und für die du arbeitest.

Von Firmenleitbildern und Firmenlogos

Bilder schaffen Identität und Identifikation

Nicht nur der einzelne Mensch braucht Bilder, die seine Seele beflügeln, sondern auch die Gruppe, in der wir leben, und die Firma, für die wir arbeiten. Bilder verbinden die Menschen miteinander und bewirken eine Identität. Jeder einzelne Mitarbeiter identifiziert sich mit der Firma. Jede Firma hat eine ihr eigene Prägung, ihre ganz besondere Kultur. Man spürt den Geist, der in einer Firma weht. Dieser Geist hängt natürlich von den Werten ab, die in einer Firma gelebt werden. Aber wesentlich wird der Geist auch von dem Bild geprägt, das die Firma für sich gefunden hat und mit dem sich alle Mitarbeiter identifizieren. Diese Bilder dürfen jedoch nicht nur den Verstand ansprechen, sondern sie sollen tief in das Unbewusste eindringen, damit sie den ganzen Menschen erreichen und von innen her wirksam werden können.

Solche Bilder sind nicht immer bewusst formuliert. Oft haben sie sich einfach herausgebildet. Aber es ist gut, sich dieser Bilder bewusst zu werden.

Bei der Firma Daimler herrschte lange Zeit unter den Mitarbeitern das Bild: »Daimler baut gute und zuverlässige Autos.« Das hat die Mitarbeiter motiviert. Eine Führungskraft meinte: »Dass der Shareholder-Value jedes Jahr steigt, damit die Aktionäre mehr Geld verdienen, das motiviert meine Mitarbeiter nicht.« Es ist ein fremdes Bild, das sich über eine Firma legt. Es beflügelt nicht, sondern lähmt eher. Es setzt unter Druck. Bei den großen Autofirmen wie Daimler, BMW und Audi ist es weniger das Bild, das die Firma als ganze für sich in Anspruch nimmt, sondern eher das Bild des Produktes, an dem alle gemeinsam arbeiten, das die Menschen zusammenhält und motiviert.

BMW hat das Bild des sportlichen und zugleich ökologisch durchdachten Autos, das nicht nur die Kunden anzieht, sondern auch die Mitarbeiter. Audi hat in den letzten Jahren ein eigenes Bild von sich aufgebaut, das viele junge engagierte Mitarbeiter anspricht.

Audi gilt als innovative junge Firma, in der die Mitarbeiter gemeinsam neue Ideen entwickeln. Die Bilder, die diese Firmen prägen, haben sich durch das Betriebsklima und durch die Produkte und durch die eigene Unternehmenskultur langsam ausgeprägt, ohne dass sie bewusst beschrieben wurden. Die Bilder, die eine Firma prägen, zeigen sich in der Art und Weise, wie diese Firma ihre Produkte anpreist. Darin spürt man, was ihr wichtig ist und was die Mitarbeiter miteinander verbindet.

Viele Firmen haben sich heute Leitbilder gegeben. In manchen Firmen sind diese Leitbilder von Marketing-Firmen in Zusammenarbeit mit dem Vorstand erarbeitet worden. Doch oft fehlt diesen Leitbildern die verbindende Kraft. Sie motivieren die Mitarbeiter nicht, weil sie ihnen von außen vorgesetzt werden. Und oft sind diese Leitbilder nur Reklame nach außen. Man weist sie vor, man wirbt damit nach außen, aber man lebt sie nicht wirklich. Die Kluft zwischen den hohen Leitbildern und der oft so anders gearteten Realität in der Firma reibt viele Mitarbeiter auf und macht sie unzufrieden. Oft klingen die Leitbilder schön. Aber sie sind Ideale, hinter denen die Mitarbeiter nicht stehen. Und es sind keine Leitbilder, die mich in Berührung bringen mit den inneren Bildern meiner Seele und mit der Quelle der Energie, die in mir strömt.

Ein Beispiel ist die Firma Puma. Bei diesem Unternehmen, das lange Zeit am Rand des Abgrunds stand, hat das Ringen um gemeinsame Werte und gemeinsame Leitbilder dazu geführt, dass die Mitarbeiter sich mit der Firma identifizieren. Sie hat in der Folge viele junge Menschen angezogen, die in dieser Firma arbeiten wollten. Zunächst war da ein Wechsel im Bild der Firma. Die Firma verstand sich nicht mehr nur als Firma, die Sportschuhe herstellt, sondern als Firma des Lifestyles. So vermittelte Puma gerade jungen Menschen das Image, dass die Firma für einen modernen Stil des Lebens stehe. Junge Menschen identifizierten sich wieder mit der Firma. Diesem Imagewandel nach außen hin folgte aber auch eine konsequente Arbeit im Inneren. Man suchte nach Schlüsselbegriffen, die für alle Mitarbeiter gelten und die alle motivieren könnten. Man fand die vier Schlüsselbegriffe: fair, ehrlich, kreativ und positiv. Bei allen Entscheidungen fragte man sich, ob diese Entscheidungen auch diesen vier Schlüsselbegriffen entsprächen. Aber auch im Umgang mit den Mitarbeitern und mit den Kunden galten diese vier Werte als Schlüssel für den Erfolg. Sie schufen ein gemeinsames Klima bei aller individuellen Verschiedenheit. Diese vier Schlüsselbegriffe beflügelten die Mitarbeiter und überzeugten auch die Kunden, ohne deren Akzeptanz eine Firma wie Puma nicht existieren kann. Das ist ein Beispiel, wie positive Bilder nach innen und nach außen ansteckend wirken.

Ein anderes Beispiel: Die Firma Siemens galt lange Zeit als eine Firma von Beamten. Die Mitarbeiter bei Siemens hatten ein Image der Behäbigkeit. Doch in den letzten Jahren hat sich dieses Image sehr gewandelt. Siemens möchte gerade in der Energiefrage die Führung beanspruchen und eine grüne Firma werden. Man hat daher gemeinsam mit einer Marketingfirma neue Leitbilder erarbeitet. Ob allerdings diese Leitbilder wirklich bei den Mitarbeitern ankommen, oder ob es eine Kluft zwischen den Leitbildern und dem konkreten Arbeitsklima bei Siemens gibt, kann ich nicht beurteilen. Allerdings höre ich von Mitarbeitern, dass nicht alles in der Firma so gut läuft, wie es nach außen hin dargestellt wird. Es braucht sicher lange, bis neue Bilder sich in die Köpfe und Herzen der Mitarbeiter ein-bilden, so dass sie wirklich das Klima prägen. Wenn die Mitarbeiter merken, dass die Leitbilder nur der Werbung nach außen dienen, ohne die Atmosphäre nach innen zu gestalten, dann entsteht in der Firma ein Zwiespalt. Und dieser Zwiespalt wirkt sich negativ auf die Mitarbeiter aus. Sie fühlen sich nicht ernst genommen, sondern nur dazu benutzt, um nach außen ein gutes Image aufzubauen. Zwiespalt und Unehrlichkeit den Mitarbeitern gegenüber aber sind häufige Quellen von Burnout. Wenn die Mitarbeiter nicht selbst mitgearbeitet haben, wirken die aufgesetzten Leitbilder auf sie nicht inspirierend. Und wenn die Leitbilder nicht innere Bilder berühren, dann bleiben sie ohne

Wirkung. Im Gegenteil, sie erzeugen eher Aggression als Motivation.

Sowohl die Firma Siemens als auch die Firma Daimler mussten sich in der Vergangenheit mit Bestechungsvorwürfen auseinandersetzen. Beide Firmen haben die Konsequenzen daraus gezogen. Die Firma Daimler setzt nun das Bild der Integrität über ihr Wirtschaften. Integrität meint einmal: unberührt sein, unbescholten sein, rein und klar sein, ohne Korruption. Aber Integrität bezeichnet nicht nur das Leitbild der Firma, sondern auch das jedes einzelnen Mitarbeiters. Ein integrer Mitarbeiter ist einer, der in sich klar ist, der keine Nebenabsichten hat. Und er hat die Fähigkeit, alle Seiten, die in ihm sind, auch seine Schattenseiten, in sich zu integrieren. Wer seine Schattenseiten integriert, der ist frei von dem Zwang, sie auf andere zu projizieren. Wenn das bei einer Firma der Fall ist, ist sie auch fähig, ihre Mitarbeiter so zu integrieren, dass sie miteinander arbeiten, dass sie eine Gemeinschaft bilden. Und die Integration, die von ihm ausgeht, geht über die Firma hinaus. Sie integriert auch die Kunden und Lieferanten in das Bild der Firma, die in sich integer, klar, und transparent sein möchte. So entsteht eine Bewegung, die über die Firma hinausgeht und auch die Gesellschaft mit beeinflusst. In der Diskussion mit Mitarbeitern von Daimler merkte ich aber, dass zwar alle mit dem Bild der Integrität einverstanden waren, aber auch die Gefahr sahen, dass das Bild zu hoch sei. Das konkrete Handeln, das Miteinandersprechen im Alltag, der Umgang mit Fehlern der Mitarbeiter wird von diesem zu idealen Bild gar nicht berührt. Das Problem dabei ist: Die Messlatte wird so hoch gehängt, dass man bequem darunter durchgehen kann. Ein solches Leitbild bleibt folgenlos. Es klingt gut, hat aber einen Nachteil: Sie verändert die Menschen nicht. Aber die Firma Daimler hat diese Gefahr erkannt und arbeitet nun konsequent daran, dass das Leitbild der Integrität langsam nicht nur in die Köpfe, sondern auch in die Herzen der Mitarbeiter hinein kommt und das Denken und Fühlen prägt.

Leitbilder müssen nicht nur propagiert,
sondern gelebt werden

Es genügt nicht, gute Leitbilder zu entwickeln, sie auf Hochglanzpapier zu drucken und dann in der Schublade verschwinden zu lassen. Und es genügt nicht, diese Leitbilder nach außen hin zu propagieren, wenn sie nach innen nicht gelebt werden. Die Diskrepanz, die entsteht, wenn Leitbilder zwar verkündet, aber nicht gelebt werden, macht viele Mitarbeiter krank. Sie führt zur Enttäuschung und oft genug zur Verbitterung. Es braucht einen Weg der Demut, die Leitbilder in einem langen Prozess in der Firma wirksam werden und bei allen Mitarbeitern ankommen zu lassen. Und es braucht Geduld, bis die Leitbilder wirklich in Fleisch und Blut übergehen. Dabei braucht es eine kritische Instanz. Bei Puma hat ein Mitglied in der Geschäftsleitung bei allen Sitzungen die Aufgabe, die Frage zu stellen: War das, was wir jetzt beschlossen haben, wie wir miteinander und mit Mitarbeitern umgegangen sind, wirklich fair, ehrlich, kreativ und positiv? Es braucht eine ständige Gewissenserforschung der einzelnen Mitarbeiter. Aber es braucht auch die ritualisierte Erinnerung an die Leitbilder. Dabei wird kein Vorwurf erhoben, sondern nur eine Frage gestellt. Es ist normal, dass die Leitbilder nicht von allein unser Denken und Handeln bestimmen. Es braucht einen langen Weg, bis sie sich wirklich verinnerlichen und unseren Umgang bestimmen.

In den Leitbildern werden Werte beschrieben, die die Firma bestimmen sollen. Werte machen eine Firma wertvoll. Wenn Werte nicht beachtet werden, ist das immer auch ein Zeichen für Menschenverachtung und Selbstverachtung. Eine Firma, in der Menschen verachtet werden, wird wertlos. Dort will auf Dauer niemand mehr arbeiten. Jeder von uns hat ein Gespür für die Werte. Unsere Seele weiß von ihnen. Aber keiner von uns lebt die Werte immer. Wir haben auch die Tendenz, Werte zu umgehen. Daher braucht es vor allem in den Führungsetagen ein ständiges Bestreben, die Werte zu verinnerlichen, so dass sie im Reden und Handeln für die Mitarbeiter sichtbar werden. Und es braucht ein gegenseitiges Sich-Erinnern an die Werte. Es geht nicht darum, ständig und moralisierend über Werte zu reden. Moralisieren führt beim Adressaten nur zum schlechten Gewissen. Und ein schlechtes Gewissen motiviert nicht, diese Werte zu leben, es lähmt eher. Werte müssen sich in uns einbilden, damit sie durch uns hindurch auf unsere Umgebung ausstrahlen. Aber es ist ein unaufhörlicher Prozess und eine ständige spirituelle Herausforderung, sich von den Werten prägen zu lassen, anstatt sie nur nach außen hin hochzuhalten.

Ein konkreter Weg, sich gegenseitig immer wieder an die Werte zu erinnern, ist es, auf die Sprache zu achten, die in der Firma herrscht. Man könnte eine Person aus dem Führungskreis beauftragen, immer wieder einmal innezuhalten und den Kollegen und Kolleginnen einen Spiegel vorzuhalten, ohne sie anzuklagen: »War die Art, wie wir jetzt über diese Mitarbeiter gesprochen haben, wertschätzend? Spiegelt sich in unserer Sprache der Wert der Integration? Oder ist unsere Sprache eher spaltend als integrierend, eher aggressiv als versöhnend, eher entwertend als wertschätzend?« In diesem Sinne sollte es, wenn ich etwa vom Chef aggressive Mails bekomme, auch die Möglichkeit geben, zurückzumailen, dass es mir schwerfällt, in dieser Mail die Werte wiederzufinden, die wir für unsere Firma propagieren.

RITUAL

Betrachte das Leitbild deiner Firma. Ist es für dich ein motivierendes und inspirierendes Bild? Bringt das Leitbild oder das Logo deiner Firma dich in Berührung mit deinen inneren Bildern? Welche Bilder fallen dir für deine Firma ein? Versuche einfach einmal, verschiedene Bilder aufzuschreiben, die dir beim Nachdenken darüber kommen. Und dann frage dich: Welches Bild bewegt etwas in mir, welches Bild bringt mich in Berührung mit meiner inneren Energie? Dann betrachte nochmals das Leitbild und das Logo deiner Firma. Und assoziiere dazu Bilder, die das vorgesetzte Leitbild ergänzen, konkretisieren, es mit Leben und mit Lust füllen. Und dann spricht mit Kollegen über deine und ihre Bilder, die euch zur Firma kommen. Und wenn die Bilder für die Firma schon vorgegeben sind, dann suche nach Bilder für deine Abteilung, für die du verantwortlich bist oder in der du mitarbeitest.

Bilder, die in Resonanz zur Seele stehen

Moralisieren lähmt

Wir Menschen leben in Resonanz zu unserer Umwelt. Das ist nicht nur eine selbstverständliche Alltagserfahrung. Auch die Hirnforschung hat festgestellt, dass unser Gehirn nicht nur darauf angewiesen ist, dass wir positive Spiegelungen von unserer Umgebung erhalten, sondern dass es selber wie eine Stimmgabel auf unsere Umwelt reagiert. Auch Bilder sind in diesem Zusammenhang wichtig. Sie strahlen etwas aus, sie können uns anstecken und mit ihrer Hilfe verstehen und kommunizieren wir. Die Bilder, denen wir begegnen, so haben wir gesehen, können eine positive und negative Dynamik freisetzen. Sie können uns niederdrücken und blockieren. Aber sie können uns auch beflügeln. Sie können das, wenn sie uns helfen, in Beziehung zu uns selber zu kommen. Damit uns Bilder beflügeln können, brauchen sie gewisse Voraussetzungen. Die wichtigste Voraussetzung ist, dass sie eine archetypische Qualität haben. Die archetypischen Bilder sprechen nicht nur unser Denken an, sondern wirken sich in unserem Unbewussten aus. Das Unbewusste ist für C.G. Jung eine Quelle von Lebensenergie. Die archetypischen Bilder wecken in uns die Lebensenergie, die in unserem Unbewussten bereit liegt.

Archetypische Bilder sind nicht moralisierend. Moralisierende Bilder – nach dem Motto: »Wir müssten eigentlich ehrlich und immer freundlich und zuvorkommend sein« – lähmen eher. Sie erzeugen ein schlechtes Gewissen. Und ein schlechtes Gewissen raubt uns die Energie, motiviert aber nicht zu neuem Verhalten. Es weckt in uns keine Kraft. Es bringt uns nicht in Berührung mit der inneren Quelle, aus der wir schöpfen können. Wir bleiben gleichsam im schlechten Gewissen stecken und gelangen nicht auf den Grund unserer Seele, in der die Quelle der Energie strömt.

Moralisierende Bilder sind oft auch vorwurfsvoll. In ihnen steckt der Vorwurf, dass die Mitarbeiter gar nicht leben, was die Geschäftsleitung sich ausgedacht hat. Vorwurfsvolle Bilder haben keine motivierende Kraft. Sie rufen in den Mitarbeitern eher Widerstand hervor. Ein Vorwurf lastet auf einem, drückt einen nieder. Darin steckt ein Tadel, der dazu führt, dass man sich selbst rechtfertigen will. Oft sind diese vorwurfsvollen Bilder verbunden mit idealisierten Bildern. Da werden hohe Ideale aufgestellt, aber sie sind so hoch, dass jeder gut darunter bleiben kann. Diese Distanz zwischen hohen Idealen und niedrigerer Realität schafft Unzufriedenheit und Frustration. Da werden hohe Ideale aufgestellt, um sich nach außen hin großartig zu verkaufen. Aber wer diese Ideale verkündet, weiß genau, dass sie nicht gelebt werden können. Sie sind nur Absichtserklärungen. Sie sind rein intellektuell entwickelt, aber sie haben keine motivierende Kraft.

Damit Bilder mich beflügeln, müssen sie mein Herz ansprechen. Sie müssen etwas in mir berühren und bewegen. Die Gehirnforschung weiß von solchen Bildern, die etwas in mir bewegen. Es sind Bilder, die etwas zusammensehen, die eine Zukunft ermöglichen. Bilder sind wie Fenster, die den Raum meiner Seele auf eine größere Wirklichkeit hin öffnen. Sie haben eine emotionale Kraft. Sie sind, wenn von Firmen die Rede sein soll, auch in der Emotion der Mitarbeiter verankert.

Eine Gefahr ist, dass Bilder uns überfordern. Das gilt von den gemeinsamen Bildern einer Firma. Es gilt aber vor allem von den persönlichen Bildern. Da gibt es durchaus Bilder, die eine Zeit lang für uns gut sind, weil sie uns herausfordern. Aber irgendwann werden sie zu groß für uns. Da ist etwa das Bild des für alles Verantwortlichen. Es ist gut, Verantwortung zu übernehmen. Aber gerade die Ältesten in einer Geschwisterreihe haben von klein auf gelernt, für die jüngeren Geschwister und oft genug auch noch für den Haushalt die Verantwortung zu übernehmen. Das hat dazu geführt, dass sie sich immer und überall für alles und jeden verantwortlich fühlen. Doch damit überfordern sie sich. Das Bild ist zu groß für sie. Und wenn es zu groß ist, dann rebelliert die Seele oft unbewusst dagegen, indem sie depressiv wird und alle Kraft verliert. Burnout ist oft ein Protest gegen zu große Bilder. Das kann uns den Weg zur Umkehr und zu einer neuen Ausrichtung unserer Lebensenergie weisen. Und wir sollten dankbar sein, wenn unsere Seele noch rebelliert. Das zeigt, dass sie gesund ist, dass wir uns auf sie verlassen können.

Eine Frau trägt das Bild der Harmonisiererin in sich. Sie ist in einer zerstrittenen Familie aufgewachsen. Da hat sie von Kind an versucht, für die Harmonie in der Familie zu sorgen. Streit und Konflikt sind für sie bedrohlich. Daher versucht sie, überall Harmonie herzustellen. Deshalb ist sie auch in der Firma beliebt. Sie hat eine positive Wirkung auf ihre Umgebung, kann Menschen zusammenführen, eine gute Atmosphäre in ihrem Arbeitsteam schaffen. Aber irgendwann wird dieses Bild für sie zu groß. Sie spürt, dass sie keine Harmonie zwischen ihrem Chef und den Mitarbeitern herstellen kann, mit denen sie sich solidarisch fühlt. So reibt sie sich selbst in ihrem Bestreben, Harmonie in der Firma herzustellen, auf. Wenn mein Bild nicht mehr funktioniert, wenn ich mein eigenes Ideal nicht verwirklichen kann, kann das zur Resignation, zur chronischen Müdigkeit und irgendwann zum Burnout führen.

Der andere hat das Bild des Helfers in sich. Wir haben oben ausgeführt, dass das archetypische Bild des Helfers uns mit vielen Fähigkeiten in Berührung bringt, und dass wir durch das Helfen oft selbst beschenkt werden. Doch gefährlich wird es, wenn wir uns mit diesem archetypischen Bild des Helfers identifizieren, wenn wir uns immer und überall als Helfer verstehen. Dann springt dieses Bild des Helfers ständig in uns an, wenn es jemandem in unserer Umgebung nicht so gut geht. Wir überfordern uns dann selbst mit diesem archetypischen Bild. Und wir werden oft genug enttäuscht, weil unsere Hilfe nicht honoriert wird. Manchmal geraten wir dann in Schwierigkeiten. Wir rufen zum Beispiel in der Abteilung Ärger hervor, weil wir immer dem Schwachen zu Hilfe eilen wollen, ohne zu merken, dass dieser unsere Hilfe manchmal ausnutzt. Und die Gefahr bei der Identifizierung mit einem archetypischen Bild ist, dass wir gar nicht merken, wie wir unsere eigenen Bedürfnisse unter dem Deckmantel des Bildes ausagieren. Die Identifizierung mit einem archetypischen Bild macht uns blind für die eigenen Bedürfnisse, die wir uns etwa unter dem Vorwand des Helfens erfüllen: Ich meine nur, ich würde gerne helfen, aber in Wirklichkeit will ich mein Machtbedürfnis ausagieren. Ich will mich als Helfer über die anderen stellen, ihnen zeigen, dass ich schon weiter bin als sie. Und manchmal will ich mir damit auch selber helfen. Ich nehme den, dem ich helfen will, als Stellvertreter für mich selbst. Eigentlich brauche ich Hilfe. Aber das könnte ich mir nicht eingestehen, denn dann würde mein mühsam aufrechterhaltenes Selbstbild des großartigen Helfers zusammenbrechen, und ich würde meiner eigenen Brüchigkeit und Hilfsbedürftigkeit begegnen.

Ohne Bilder keine Zukunft

Bilder, die etwas in mir bewegen, öffnen ein Fenster in meiner Seele. Sie haben immer den Charakter einer Vision. Sie eröffnen Zukunft. Ein früher Kirchenvater meinte einmal: Ohne Bilder keine Zukunft. Bilder sind es, die uns weiterbringen, die uns einen weiten Horizont schenken. Solche Bilder sind weder moralisierend noch überfordernd. Sie sind nicht intellektuell, sondern sie sprechen die Tiefe unseres Herzens an. Sie berühren uns. So ein Bild leuchtet von allein auf. Wir können oft nicht genau sagen, warum dieses Bild uns anspricht. Aber wenn wir es betrachten, dann ist es immer ein Bild, das etwas zusammensieht. Es sieht die Wirklichkeit mit der Möglichkeit zusammen, die Gegenwart zusammen mit der Zukunft, die Realität mit einer Vision. Das Bild ist oft wie ein Aha-Erlebnis: Auf einmal erkennen wir in unserem Leben neue Möglichkeiten, auf einmal blicken wir durch.

Wirkmächtig ist, was in Resonanz zur Seele steht

Die Bilder, die uns bewegen, haben Ähnlichkeit mit unseren Traumbildern. Unsere Seele denkt im Traum in Bildern. Da gibt es erschreckende Bilder, aber es gibt auch Hoffnungsbilder. Wenn wir zum Beispiel im Traum ein helles Licht sehen, dann ist das ein Hoffnungsbild, dass unsere innere Dunkelheit überwunden ist. Wenn wir von einem Kind träumen, das wir im Arm halten, dann ist das ein Zeichen der Hoffnung, dass in uns etwas Neues geboren wird, dass wir in Berührung kommen mit dem ursprünglichen Bild Gottes in uns. Letztlich bewegen uns die Bilder, die dem inneren Bild in unserer Seele entsprechen und mit ihm in Resonanz stehen.

Wenn wir in der Geschichte nach wirkmächtigen Bildern Ausschau halten, so sind es oft mythische Bilder, die unsere Seele ansprechen, etwa das Bild des Jona, der im Bauch des Fisches war. Jesus hat in seinen Gleichnissen und in seinen Worten bildhaft gesprochen. Viele seiner Bilder sind sprichwörtlich geworden, etwa das Bild vom Splitter im Auge des Nächsten und vom Balken im eigenen Auge, oder das Bild des Berges, den der Glaube sich ins Meer stürzen lässt. Erfolgreich waren in der Geschichte die Herrscher und Politiker, die für sich gute Bilder reklamieren konnten. Jeder von uns hat in sich die Fähigkeit, Bilder hervorzubringen. Wir müssen dazu nur der rechten Gehirnhälfte trauen, die solche Bilder hervorbringt, und müssen uns von der Vorherrschaft der linken Gehirnhälfte verabschieden, die rein rational denkt.

RITUAL

Horche in dich hinein und lasse die Bilder auftauchen, die in der Stille in dir hochkommen möchten. Dann frage dich, ob du in dir die archetypischen Bilder kennst wie: Heiler, Helfer, Friedensstifter, Versöhner, Rebell, Reformator, Prophet. Betrachte diese Bilder und frage dich, wo sie dich mit deinen Fähigkeiten in Berührung gebracht haben. Aber frage dich auch, wo diese Bilder zu groß geworden sind für dich. Wo haben sie dich überfordert? Wo stimmen sie nicht mehr? Sprich mit den Bildern. Danke ihnen, dass sie dich mit dem Potenzial deiner Seele in Berührung gebracht haben. Aber dann distanziere dich auch von ihnen und sage dir: Manchmal vermag ich zu helfen, zu heilen, Frieden zu stiften, zu harmonisieren. Aber ich bin kein Helfer, kein Heiler, kein Friedensstifter, kein Harmonisierer. Ich bin ein einfacher Mensch. Aber Gott hat mir Gaben gegeben. Und diese Gaben erkenne ich durch diese Bilder.

Feuer und Wasser – heilsame biblische Bilder

Burn-out, ausgebrannt sein, erschöpft sein: Das sind Bilder, die unseren inneren Zustand beschreiben. Solche Bilder können sich auch negativ in unserer Seele festsetzen. Wir brauchen daher Bilder, die uns vom Burnout schützen. Um die soll es im Folgenden gehen. Dabei möchte ich zunächst von den Bildern des Brennens und des Schöpfens ausgehen, als von Gegenbildern gegen das Ausgebrannt- und Erschöpftsein. Es sind Bilder, die eine positive Kraft haben, weil sie mich mit etwas Transzendentem verbinden. In beiden Bildern, dem von der Quelle und von dem Feuer, sind auch die bildhaften Bezeichnungen für Flow und Burnout schön gespiegelt.

Das innere Feuer

Wir sagen von einem Menschen, dass er Feuer in sich habe. Wir meinen damit, dass er lebendig ist, dass von ihm etwas ausgeht, dass er für etwas brennt. Das Bild vom Feuer hat auch Jesus vor Augen, wenn er sagt: »Ich bin gekommen, um Feuer auf die Erde zu werfen. Wie froh wäre ich, es würde schon brennen!« (Lk 12,49) Das Feuer, das Jesus auf die Erde wirft, ist der Heilige Geist, den er uns nach seiner Auferstehung schenkt. Der Heilige Geist ist in Feuerzungen auf seine Jünger herabgekommen. Er hat ihre Sprache entzündet, so dass sie Worte fanden, die die Menschen bewegten. Mit ihren Worten haben sie ein Feuer entzündet, das bis jetzt durch diese Welt geht und immer wieder Menschen begeistert, aus dem Geist Jesu zu leben und diese Welt zu gestalten. Jesus sagt aber in einem außerhalb der Evangelien überlieferten Wort, dass er selbst Feuer ist: »Wer mir nahe ist, ist dem Feuer nahe; wer mir fern ist, ist dem Reiche (bzw. dem Leben) fern.« Jesus selbst hat gebrannt. Als er einmal gesprochen hatte, sagten seine Jünger: »Brannte uns nicht das Herz in der Brust, als er unterwegs mit uns redete?« (Lk 24,32) In Jesus war ein Feuer, das brannte, ohne zu verbrennen. Denn es war der Heilige Geist selbst, der in ihm brannte.

Wenn Jesus uns den Heiligen Geist schenkt, dann ist auch in uns eine Glut, die nie erlischt. Es ist gut, wenn wir bei nahender Burnout-Erfahrung uns dieses Bild des inneren Feuers vor Augen halten. Ein Manager erzählte mir einmal, er fühle sich wie eine ausgebrannte Rakete. Indem er dieses Bild ins Wort fasste, verstärkte er das Gefühl, das er von sich hatte. Ich gab ihm den Rat: »Setzen Sie sich still hin, schließen Sie die Augen und gehen in den Grund Ihrer Seele. Dort fühlen Sie sich ausgebrannt. Da ist lauter Asche in Ihnen. Aber dann gehen Sie tiefer. Stellen Sie sich vor, dass unterhalb der Asche noch eine Glut brennt. Kommen Sie in Berührung mit dieser Glut. Stellen Sie sich vor, dass Sie diese Glut anblasen, und auf einmal beginnt sie zu glühen und schließlich auch wieder zu brennen.« Unterhalb der Asche ist in uns eine Glut. Ich nenne sie die Glut des Heiligen Geistes. Der ist in uns, ob wir wollen oder nicht. Aber oft gehen wir nicht tief genug in den

Grund unserer Seele hinein. Daher stoßen wir nur auf Asche. Wenn wir der Glut in uns trauen, dann können wir uns vorstellen, wie sie langsam vom Grund unserer Seele ihre Wärme nach oben strahlen lässt. Unser Herz wird wieder warm. Wir spüren wieder Feuer in uns. Manchmal ist es nur eine stille Glut. Dann flammt es wieder auf, und von uns geht ein Feuer aus, das auch andere wärmt.

Der brennende Dornbusch

Die Bibel kennt ein anderes hilfreiches Bild gegen den Burn-out. Es ist das Bild des brennenden Dornbusches. Der Dornbusch ist ein Bild für das Selbstgefühl, das Mose in der Fremde hatte. Er war mit seinem Versuch, seinen Stammesgenossen in Ägypten zu helfen, gescheitert. Er musste in die Fremde fliehen. Seinen Sohn, den er von seiner midianitischen Frau bekommt, nennt er Gerschom (Ödgast). Er sagte sich: »Gast bin ich in fremdem Land.« (Ex 2,22) Der Dornbusch, der am Rand der Wüste steht, ist ein wertloser Strauch. Er steht bildhaft für das Scheitern, das Vertrocknetsein, Ausgebranntsein, Wertlossein, Übersehenwerden. Doch dieser Dornbusch brennt, ohne zu verbrennen. Das ist für mich ein schönes Bild. Ich bin der Dornbusch. Ich fühle mich leer, vertrocknet, gescheitert, übersehen, ausgebrannt. Aber trotzdem brennt etwas in mir, ohne dass ich dabei verbrenne. In mir ist, bei aller Schwäche, zugleich Gottes Feuer, Gottes Herrlichkeit, Gottes Kraft. Ich bleibe der Dornbusch, aber mitten in mir brennt das göttliche Feuer. Aus dem Feuer sprach Gott zu

Mose und gab ihm einen Auftrag: »Ich sende dich zum Pharao. Führe mein Volk, die Israeliten, aus Ägypten heraus!« (Ex 3,10) Mose wehrt sich zuerst gegen diesen Auftrag. Er fühlt sich schwach wie der Dornbusch. Doch Gott lässt nicht locker. Er verheißt ihm: »Ich bin mit dir.« (Ex 3,12) Das soll dem Mose genügen. Mitten in seiner Schwäche und Leere soll er etwas Großes tun, nicht weil er selbst die Kraft dazu hat, sondern weil Gott mit ihm ist, und weil Gottes Feuer auch in ihm brennt, ohne ihn zu verbrennen.

Das ist auch für mich heute ein hilfreiches Bild. Wenn ich mich leer und ausgebrannt fühle, dann stelle ich mir vor: Ich bin der wertlose, vertrocknete Dornbusch. Ich habe keine neuen Ideen. Von mir geht nichts aus. Aber Gott hat diesen Strauch erwählt, sein Feuer darin brennen zu lassen. Und weil Gottes Kraft in mir ist und weil dieser Gott mir etwas zutraut, deshalb kann von mir trotz aller meiner Schwäche etwas Großes ausgehen. Ich kann andere, die sich ebenso wertlos fühlen, in die Freiheit führen. Ich habe meine eigene Entfremdung schmerzhaft gespürt. Jetzt bin ich mit Gottes Hilfe fähig, andere zu sich selbst, in ihre eigene Mitte zu führen.

Die Quelle, die nie versiegt

Das Johannesevangelium bevorzugt gegenüber dem Bild des Feuers das der Quelle. Jesus spricht gegenüber der Frau aus Samarien von der inneren Quelle: einer Quelle, die jeder in sich trägt. Jesus und die Frau sprechen – zunächst auf einer äußerlichen Ebene – über das Wasser, das die Frau aus dem Brunnen schöpft. Doch dann kommt Jesus auf ein anderes Wasser zu sprechen: »Wer von diesem Wasser trinkt, wird wieder Durst bekommen; wer aber von dem Wasser trinkt, das ich ihm geben werde, wird niemals mehr Durst haben; vielmehr wird das Wasser, das ich ihm gebe, in ihm zur sprudelnden Quelle werden, deren Wasser ewiges Leben schenkt.« (Joh 4,13f) Jesus spricht hier auch vom Heiligen Geist, den er uns Menschen schenkt. Dieser Heilige Geist ist in uns wie eine Quelle, die nie versiegt. Aus ihr können wir immer schöpfen, ohne je erschöpft zu werden.

Auch das ist für mich ein schönes Bild, das ich immer dann meditiere, wenn ich mich erschöpft fühle. Dann stelle ich mir vor: Unterhalb meiner Erschöpfung, meiner Müdigkeit, strömt auf dem Grund meiner Seele eine Quelle, die nie versiegt. Wenn ich mit dieser Quelle in Berührung bin, dann strömt es wieder in mir. Dann fühle ich mich wieder frisch. Dann kann ich trotz meiner Müdigkeit durchlässig werden und jetzt im Augenblick das tun, was gerade von mir gefordert wird. Allerdings ist diese Quelle nicht ein Tank, aus dem ich mich bedienen kann, um immer weiterzufahren. Vielmehr kann ich aus dieser Quelle nur schöpfen, wenn ich durchlässig bin, wenn ich mein Ego zurückstelle. Nicht mehr ich muss dann etwas leisten. Es fließt vielmehr durch mich hindurch. Obwohl ich müde bin, kommen aus mir trotzdem kreative Ideen. Und ich kann dem Gespräch folgen. Aber ich reiße mich dann nicht zusammen. Ich strenge mich nicht an, sondern in meiner Müdigkeit und Ohnmacht werde ich durchlässig für die Quelle des Heiligen Geistes.

Ein Brunnen in der Wüste

Wer sich ausgebrannt fühlt, greift oft auch auf das Bild der Wüste zurück, um seinen Zustand zu beschreiben: Er fühlt sich wie in einer Wüste. Er droht zu verdursten. Das Alte Testament liebt das Bild der Wüste. Aber es spricht immer wieder davon, dass mitten in der Wüste eine Oase ist, ein Brunnen, aus dem wir schöpfen können: »In der Wüste brechen Quellen hervor, und Bäche fließen in der Steppe. Der glühende Sand wird zum Teich und das durstige Land zu sprudelnden Quellen.« So sagt es der Prophet Jesaja (Jes 35,6f). Gott verheißt seinem Volk: »Ich lasse in der Steppe Wasser fließen und Ströme in der Wüste, um mein Volk, mein erwähltes, zu tränken.« (Jes 43,20)

Wüstenerfahrungen gehören zu unserem Leben. Wir fühlen uns in der Wüste, wenn wir nicht verstanden werden, wenn wir in der Firma eine Mobbingsituation erfahren, wenn wir keine Kraft mehr in uns spüren. Die Worte des Propheten erscheinen uns da ein schwacher Trost zu sein, sie kommen uns vor wie eine Fata Morgana. Doch wenn wir diese Worte in uns eindringen lassen, dann bringen sie uns in Berührung mit dem inneren Brunnen, den jeder in sich hat. Und aus diesem Brunnen können wir immer trinken. Wir müssen nur stehen bleiben, still werden, in der Stille in uns hineinhorchen. Dann werden wir auf dem Grund unserer Seele diesen Brunnen entdecken.

RITUAL

Nimm dir eines der beschriebenen Bilder – das innere Feuer, der brennende Dornbusch, die innere Quelle, der Brunnen in der Wüste – und meditiere sie. Denke nicht über sie nach, sondern bilde dir die Bilder ein. Sage dir: Ich bin der brennende Dornbusch. In mir ist das Feuer, die Quelle, der Brunnen. Und dann versuche, durch das Bild hindurch auf dem Grund deiner Seele die Qualität zu spüren, die das Bild ausdrückt. Vertraue darauf, dass das, was das Bild beschreibt, in dir ist und dich lebendig hält und dich vor Burnout schützt.

Von der Kraft der Rituale

Den Zusammenhang des Lebens neu erfahren

Aaron Antonovski, ein jüdischer Therapeut, hat den Begriff und das Konzept der Salutogenese entwickelt. Ihn interessiert, was den Menschen gesund macht. Er fragt als Psychologe nach den Quellen, aus denen der Mensch schöpfen kann, um von seinen psychischen Verletzungen nicht überfordert zu werden, sondern daran zu wachsen. Die Salutogenese kann uns auch die Quellen zeigen, die wir brauchen, um gegen Burnout geschützt zu sein. Antonovski spricht vom Kohärenz-Gefühl und meint das Gefühl, dass mein Leben einen inneren Zusammenhang hat, dass es nicht auseinanderfällt in lauter Zufälligkeiten. Ein Weg, den Zusammenhang des Lebens zu erfahren, sind Rituale. Sie bringen mich in Berührung mit mir selbst. Sie schaffen mitten in der Zerrissenheit des Alltags einen Raum, in dem ich ganz da bin und ganz werde.

Rituale reißen uns immer wieder aus dem Hamsterrad der Arbeit heraus. Sie bilden einen Ruhepunkt mitten in der Hektik des Alltags und befreien uns von dem Druck, dem wir uns immer wieder ausgesetzt fühlen. Sie strukturieren den Alltag und sind gleichzeitig etwas anderes als der Alltag. Rituale sind etwas, das ich mir selbst gönne, in denen ich mir eine kleine Auszeit nehme, um aufatmen zu können. In den Ritualen habe ich den Eindruck, dass ich selber lebe, anstatt von außen gelebt zu werden. Dass Rituale eine gute vorbeugende Hilfe gegen burnout sind, hat auch Klaus Werle in seinem Artikel in Spiegel online betont. Er zitiert den Burnout-Spezialisten Hans-Peter Unger, der rät: »Ein heiliger Termin pro Woche, der unumstößlich genutzt wird für persönliche Erfüllung.« Rituale gewähren mir einen Freiraum, der allein mir gehört und nicht von andern besetzt werden kann.

Rituale sind mit Bildern verbunden. Sie vermitteln mir gute Bilder gegenüber den negativen Bildern, die zum Ausbrennen führen. Denn ein Ritual steht immer unter einem Bild, das es darstellen möchte. Die Religionspsychologie sagt, dass Rituale in ihrem ursprünglichen Verständnis getanzte Träume sind. Vom Ursprung her stellen sie die Bilder dar, die Menschen im Traum gesehen haben. Spirituell begabten Menschen eröffnet sich im Traum ein Weg zum gelingenden Leben. Und auch Rituale bringen uns in Berührung mit inneren Quellen, die uns sonst verschlossen bleiben. Eben wegen dieser tieferen Qualität sind sie ein wirksames Mittel gegen Burnout und Erschöpfung.

Heilige Zeiten und heilige Orte

Ich möchte im Folgenden in einem zweifachen Sinn Rituale mit Bildern verbinden. Zum einen möchte ich die Rituale jeweils unter verschiedenen Bildern beschreiben. In den Ritualen bilden sich gute Bilder in uns ein. Zum anderen möchte ich die Rituale auch als den Ort aufweisen, der uns mit heilsamen inneren Bildern in Berührung bringen

Von der Kraft der Rituale

kann. Rituale können uns mit den Bildern verbinden, die uns gegen die Blockaden, gegen das Vertrocknen und gegen das Sich-Verausgaben schützen und die negativen Bilder aufzulösen vermögen.

Statt theoretisch über Rituale zu schreiben, möchte ich ein paar Bilder nennen, die das Wesen der Rituale aufscheinen lassen. Da ist einmal das Bild, das schon die Griechen der Antike lieben: Rituale schaffen eine heilige Zeit und einen heiligen Ort. Heilig ist das, was der Welt entzogen ist, worüber die Welt keine Macht hat. Und die alten Griechen glaubten, dass nur das Heilige zu heilen vermag. Heilig ist das, was Gott gehört, aber auch das, was mir gehört. Was mir heilig ist, das kann mir niemand rauben. Und in der heiligen Zeit kann niemand über mich verfügen. Sie gehört mir. Da kann ich aufatmen. Da habe ich das Gefühl innerer Freiheit. Die heilige Zeit führt mich auch zum heiligen Ort. Der heilige Ort kann äußerlich sein: Ich ziehe mich in meine Meditations- oder Gebetsecke zurück, auf einen konkreten Platz also, der allein mir gehört. Das ist mein Raum, in dem ich mich geborgen fühle. Aber der heilige Ort ist auch in mir. In mir ist ein Raum, zu dem die Menschen mit ihren Erwartungen und Ansprüchen keinen Zutritt haben, zu dem auch der Druck von außen nicht vordringen kann. Es ist ein Raum der Stille. Ich habe diesen inneren heiligen Ort schon oft beschrieben. Ich möchte ihn jetzt einfach im Blick auf die Erfahrung des Burnout nochmals beschreiben, weil er für mich ein zentrales Bild ist, das mir hilft, nicht auszubrennen.

Jesus sagt von diesem heiligen Raum der Stille in mir: »Das Reich Gottes ist in euch.« (Lk 17,21) Es ist ein

Raum, in dem Gott in mir herrscht und nicht das Ego und auch kein anderer Mensch, kein Chef und kein Kunde. Wenn Gott in mir herrscht, dann bin ich wahrhaft frei. In diesem inneren heiligen Raum erlebe ich mich auf fünf verschiedene Weisen. Und jede dieser Weisen ist gleichsam ein Gegenbild gegen den Burnout.

Frei von äußeren Ansprüchen

Im inneren Raum der Stille bin ich zunächst einmal frei von der Macht der Menschen, von ihren Erwartungen und Ansprüchen, von ihren Wünschen und Meinungen. Wenn ich in diesem inneren Raum wohne, dann mache ich mir keine Gedanken mehr darüber, was andere über mich denken. Viele rauben sich ihre innere Energie, weil sie sich zu viele Gedanken über die Gedanken anderer machen. Sie haben Angst vor dem, was andere über sie denken könnten. Der heilige Raum befreit mich von diesem Kreisen um die Gedanken der anderen. Und er befreit mich von dem Druck, den auf manche Menschen die Erwartungen der Umgebung ausüben. Die Erwartungen der anderen haben zu diesem inneren Raum keinen Zutritt.

In dem heiligen Raum bin ich auch heil und ganz. Dort kann mich niemand verletzen. Wenn ich nahe am Burnout bin, dann bin ich sehr empfindlich. Ich habe Angst, zur Arbeit zu gehen. Denn ich weiß nicht, wer mich heute verletzt, ob der Chef ein kritisches Wort sagt, ob meine Mitarbeiter etwas gegen mich sagen oder ob ein Kunde mich mit seiner Unzufriedenheit kränkt. Wer in dieser Angst lebt, verbraucht viel Energie. Da ist es gut, sich vorzustellen: In diesen inneren heiligen Raum können die verletzenden Worte, Blicke und Gesten nicht vordringen. Die verletzenden Worte werden mich zwar weiterhin in meinem emotionalen Bereich kränken. Dagegen kann ich mich kaum wehren. Aber unterhalb meiner Emotionen ist dieser Raum des Unverletzbaren, in den ich mich zurückziehen kann, um dort das Heile und Ganze in mir zu genießen. Auch die feindliche Atmosphäre, unter der ich leide, kann diesen inneren Raum des Heilseins nicht beeinträchtigen. Ich kann mich vor dem Mobbing, vor den aggressiven Pfeilen, die von außen auf mich geschossen werden, zurückziehen und bergen in dem schützenden Raum der inneren Stille.

Ich bin ursprünglich und authentisch

Ein weiterer Aspekt: In diesem heiligen Raum bin ich ursprünglich und authentisch. Da komme ich mit dem unverfälschten und ursprünglichen Bild in Berührung, das Gott sich von mir gemacht hat. Die Bilder, die andere mir übergestülpt haben, lösen sich auf. Aber auch die Bilder meiner eigenen Selbstentwertung – »Ich bin nicht richtig. Ich bin zu langsam. Ich kann das nicht« – und die Bilder der Selbstüberschätzung – »Ich muss immer perfekt und cool und erfolgreich sein« – weichen dem unverfälschten Bild Gottes in mir. Dort, wo ich ursprünglich bin, muss ich mich nicht beweisen. Ich kenne die Tendenz, mich anzupassen, sobald ich in eine Gruppe komme: Ich schaue, was von mir erwartet wird, und richte mich danach. Doch das kostet viel Energie. Und vor allem bin ich mir doch nicht sicher, was die Einzelnen von mir erwarten. Wenn ich ursprünglich und authentisch bin, dann bin ich einfach so, wie ich bin. Ich stehe nicht unter Druck, mich beweisen zu müssen. Ich bin einfach da. Das kostet keine Energie. Es bringt mich vielmehr in Berührung mit dem reinen Sein, das unerschöpflich ist. Manche meinen, sie müssten ständig ihre Authentizität verteidigen. Doch wer anderen beweisen muss, dass er authentisch ist, ist es nicht. Denn wer authentisch ist, der ist einfach da, ohne sich beweisen zu müssen.

Ich bin rein und klar – und daheim bei mir

Wichtig in meiner Situation der Gefährdung ist auch dies: Dort, im heiligen Raum in mir, bin ich rein und klar. Dort haben auch die Schuldgefühle keinen Zutritt. Schuldgefühle sind immer unangenehm, und sie rauben mir Energie. Sie führen oft dazu, dass ich ständig vor mir selbst davonlaufe. Ich komme nicht zur Ruhe. Denn sobald ich nichts tue, tauchen die Schuldgefühle in mir auf und nagen an mir. Keiner von uns ist ohne Schuld. Keiner macht immer alles richtig. Aber es ist wichtig, dass wir durch die Schuld hindurch in den inneren Raum der Stille hineingehen, der ohne Schuld ist. Unser innerster Kern ist von Schuld nicht zerfressen. Das ermöglicht mir, trotz realer oder vermeintlicher Schuld innerlich zur Ruhe zu kommen. Ich verdränge die Schuld nicht, sondern ich gehe durch sie hindurch in diesen schuldlosen Raum in mir. Dort habe ich weder Angst vor dem inneren Richter in mir, noch vor dem Urteil äußerer Richter. Wenn ich mich schuldig fühle, finde ich keinen Zugang mehr zu meiner inneren Quelle. Die Schuldgefühle trennen mich von meiner inneren Mitte. Sie rauben mir alle Energie. Daher ist es so wichtig, sich immer wieder in diesen inneren Raum der Stille zurückzuziehen, in dem ich mich rein und klar fühle, ohne Schuld und ohne Angst, dass irgendjemand mir Schuldgefühle einimpfen könnte. Ich verleugne meine Schuld nicht. Aber ich gehe durch die Schuld hindurch in den Raum, zu dem die Schuld keinen Zutritt hat, in dem ich rein und klar bin. Dort finde ich meine Identität.

Und schließlich: Dort, wo das Reich Gottes in mir ist, wo Gott in mir wohnt, dort kann ich auch bei mir selbst wohnen. Gott ist – so sagt es der große Theologe Karl Rahner – das unergründliche Geheimnis. Dort, wo das Geheimnis Gottes in mir wohnt, kann ich bei mir daheim sein. Die deutsche Sprache verbindet die Worte Heim, Heimat und Geheimnis. Daheim sein kann man nur, wo das Geheimnis wohnt.

Das ist also das erste Bild von Ritualen. Sie schaffen eine heilige Zeit und einen heiligen Ort.

Ein zweites Bild ist mir ebenfalls wichtig: Rituale schließen eine Tür und öffnen eine Tür.

Menschen, die am Burnout leiden, können nicht mehr abschalten. Sie sind unfähig, die Tür der Arbeit zu schließen. Dann sind sie nie bei sich. Auch wenn sie daheim sind, geht ihnen die Arbeit noch nach. Und der Konflikt, den sie in der Arbeit erlebt haben, verfolgt sie sogar noch im Urlaub. So können sie sich gar nicht erholen. Rituale schließen die Tür der Arbeit. Das kann verschieden aussehen. Ich kann zum Beispiel kurz innehalten, bevor ich mein Büro verlasse. Ich versuche, die Arbeit bewusst hier in diesem Raum zu lassen. Ich atme langsam aus und lasse im Ausatmen alles los, was heute in diesem Raum geschehen ist. Ich schließe gleichsam die Tür der Arbeit und gehe nun befreit und froh nach Hause, um dort die Tür der Familie und der Freiheit zu öffnen. Dann kann ich ganz dort sein, wo ich gerade bin. Wenn ich die Tür der Arbeit nicht geschlossen habe, wird mich alles in der Familie aufregen. Die Kinder kommen und sind unruhig. Sie nerven mich. Doch die Kinder merken genau, ob ich die Tür der Arbeit geschlossen habe. Wenn ich sie geschlossen habe, dann kommen die Kinder auch, aber sie spüren, dass der Vater oder die Mutter ganz präsent ist. Und so sind sie schnell zufrieden und widmen sich wieder den eigenen Spielen. Wenn sie jedoch spüren, dass Vater oder Mutter innerlich zerrissen sind, dann steckt einer den anderen mit seiner Unruhe an, und die gemeinsame Zeit wird anstrengend. Dann hat man den Eindruck: Alles wird zu viel, die Arbeit, die Familie, die Kinder, die vielen Erwartungen, die von außen auf einen einstürmen. Wenn ich die Türe der

Arbeit geschlossen und die Tür der Familie geöffnet habe, dann bin ich ganz gegenwärtig. Dann ist für mich die Zeit in der Familie eine Erholung. Ich bin ganz da und kann mich einlassen auf die Kinder oder auf das, was gerade daheim wichtig ist. Aber es ist nicht eine Fortsetzung der Arbeit, sondern ein Eintauchen in eine andere Welt, die mich befreit von dem Druck der Arbeitswelt. Nach einem Vortrag in einer Hochschule sprach ich noch mit dem Rektor und seiner Frau. Die Frau sagte zu ihrem Mann: »Hast du genau hingehört, was P. Anselm gesagt hat? Ich habe dir schon oft gesagt: Wenn du im Wohnzimmer sitzt, möchte ich mit dir reden und nicht mit der ganzen Hochschule.« Das führt uns zu einem dritten Bild:

Rituale bringen mich in Berührung mit mir selbst

Wenn ich sage, dass Rituale mich in Berührung mit mir selbst bringen, dann meine ich damit: Ich steige bewusst aus dem Hamsterrad aus und spüre mich selbst. Ich tue bewusst etwas für mich. Ich lese und tauche in das Lesen ein. Ich gehe spazieren und bin ganz im Gehen. Ich laufe und überlasse mich dem Laufen. Ich meditiere und komme in Berührung mit meiner eigenen Mitte. Immer wenn ich mich selbst spüre, fällt die Beeinflussung von außen von mir ab. Ich bin bei mir und nicht bei den Problemen der Arbeit, nicht bei den Erwartungen. Wenn ich mich spüre, dann hat all das Äußere keine Macht über mich. Und ich kann mich viel besser abgrenzen von dem, was von außen auf mich einströmt. Wer im Burnout ist, hat die Beziehung zu seiner eigenen Mitte verloren. Er ist unfähig, sich selbst zu spüren. Er spürt nur die Unruhe, die Zerrissenheit. Aber er spürt sich selbst nicht. Er weiß gar nicht, wer er eigentlich ist. Er kann es nicht aushalten bei sich selbst. Das beunruhigt ihn. Wer bei sich ist, wer sich selbst spürt, der erfährt inneren Frieden, Ruhe, Gelassenheit, Geschütztsein. Im Bild des Verwurzeltwerdens drückt sich ein vierter Aspekt dessen aus, was Rituale in unserem Zusammenhang wichtig macht.

Rituale geben mir Anteil an meinen Wurzeln

Viele Rituale, die wir vollziehen, haben wir nicht selbst erfunden. Wir haben sie von unseren Eltern oder Großeltern übernommen, etwa das Morgengebet und Abendgebet, den sonntäglichen Kirchgang, das Beten des Vaterunsers, oder die Rituale, die wir an Weihnachten feiern. Indem wir Rituale vollziehen, die unsere Vorfahren schon praktiziert haben, haben wir Anteil an ihrer Lebens- und Glaubenskraft. Wir kommen in Berührung mit den Wurzeln, die unsern Lebensbaum tragen. Wenn unser Lebensbaum von den Wurzeln abgeschnitten ist, dann verdorrt er, sobald es eine Krise gibt: Wir können uns gegen die Widerfahrnisse von außen nicht wehren. Wenn unser Baum gute Wurzeln hat, dann wirft ihn nichts so leicht um. Depressionen haben oft auch mit der Erfahrung von Wurzellosigkeit zu tun. Wenn wir keine Wurzeln mehr haben, wenn die Verbindung zu unserem Grund abgerissen ist, haben wir den negativen Stimmungen nichts entgegenzusetzen.

In den Ritualen spüre ich meine eigene Identität. Aber Rituale schaffen auch eine Familienidentität und ein Zusammengehörigkeitsgefühl. Die Rituale, die ich daheim in der Familie praktiziere, geben mir das Gefühl der Gemeinschaft. Wir gehören zusammen. Wir drücken in den Ritualen Gefühle aus, die sonst während des Alltags kaum einmal ausgedrückt werden. Und sie führen uns zusammen. Wir haben das Gefühl: Wir sind eine Gemeinschaft. Wir genießen das Miteinander.

Solche Rituale wären auch im Berufsleben wichtig. Es gibt betriebswirtschaftliche Untersuchungen, die zeigen, dass Firmen, die Rituale aufgegeben haben, auch in ihrer Leistung nachlassen. Das scheint paradox zu sein. Rituale kosten Zeit. Wenn ich in meiner Abteilung als Geburtstagsritual habe, dass alle gemeinsam Kaffee trinken, dann kostet das Zeit. Aber diese Zeit zählt betriebswirtschaftlich nicht. Denn das Ritual führt die Menschen zusammen. Es gibt ein Zusammengehörigkeitsgefühl. Und das ist eine wichtige Quelle der Energie für die Arbeit. Dann sehe ich die Mitarbeiter nicht als Konkurrenten. Die Rituale verbinden mich mit ihnen auf einer anderen Ebene, nicht auf der Arbeitsebene. Und gerade das schenkt mir Energie. Gerade das bewahrt mich vor der Isolation, die oft genug zum Burnout führt. Wenn sich die Mitarbeiter durch gemeinsame Rituale zusammengehörig fühlen, dann ist das eine wichtige Quelle von Energie. Antonovski würde diese Quelle die soziale Immunquelle nennen. Rituale stiften Gemeinschaft, sie bewirken in diesem

Fall eine Firmenidentität. Und wenn ich mich mit der Firma identifiziere, dann arbeite ich lieber für sie. Dann raubt mir die Arbeit nicht meine Energie.

Rituale gegen Burnout setzen

Rituale sind eine gute Möglichkeit, mit heilenden Bildern in Berührung zu kommen. Ich kann die Rituale, die ich übe, mit Bildern verbinden, die ich bewusst gegen den Burnout halte. Ein Beispiel: Ich habe Angst, morgens in die Arbeit zu gehen, weil ich nicht weiß, was heute auf mich zukommt, ob ich sofort mit Konflikten konfrontiert werde, die mich überfordern, oder mit Problemen, für die ich keine Lösung weiß. Diese Angst lähmt mich und sie raubt mir Energie. Ein gutes Ritual, das ich dagegensetzen kann, wäre: Ich stelle mich in meine Meditations- oder Gebetsecke und erhebe meine Hände zum Segen. Dann stelle ich mir vor, dass durch meine Hände Gottes Segen in die Räume strömt, in denen ich arbeite. Und ich lasse den Segen zu den Menschen hinströmen, mit denen ich arbeite oder für die ich arbeite, zu meinen Mitarbeitern, gerade auch zu schwierigen, die mir oft Angst machen, und zu Kunden, auch zu den unangenehmen, denen ich am liebsten ausweichen möchte. Wenn ich den Segen zu diesen Menschen strömen lasse, dann bin ich nicht mehr Opfer von schwierigen Mitarbeitern und Kunden oder von Menschen, die mich verletzt haben. Ich steige aus der Opferrolle aus und setze eine aktive Energie dagegen. Aber diese Energie kostet mich keine Kraft. Denn es ist letztlich Gottes Segen, göttliche Energie, die durch mich zu den Menschen strömt.

Im Segen verlassen wir die Opferrolle

Viele, die an Burnout leiden, haben das Gefühl, dass sie Opfer geworden sind: Opfer von zu großem Druck, Opfer von unmöglichen Erwartungen, Opfer von ungerechten Strukturen. Wir werden oft Opfer. Daran ist nicht zu zweifeln. Aber es ist unsere Aufgabe, von der Opferrolle Abschied zu nehmen. Denn wenn wir in dieser Rolle bleiben, dann rauben wir uns selbst alle Energie. Im Segen verlassen wir die Opferrolle. Und sobald wir sie verlassen, spüren wir neue Energie in uns.

Jesus sagt, dass wir die segnen sollen, die uns verfluchen, die also schlecht von uns reden, die uns mit Worten verletzen. (Lk 6,28) Wer an Burnout leidet, hat zum Beispiel das Gefühl, dass es in der Firma so viele Menschen gibt, die ihm nicht wohlwollen, die ihn verletzen. Und je mehr er sich in dieses Gefühl hineinsteigert, desto schlechter geht es ihm. Im Segnen schütze ich mich selbst vor der negativen Energie, die mir von solchen Menschen entgegenkommt. Ich schütze mich, indem ich Gottes Segen zu diesen Menschen sende. Das hilft mir dann, diesen Menschen anders zu begegnen. Ich brauche mich vor ihnen nicht zu ducken, ich kann ihnen aufrecht gegenübertreten. Denn ich sehe sie nun mit anderen Augen. Sie sind nicht nur die, die mich verletzt haben, sondern Menschen, die selbst verletzt sind und die sich danach sehnen, mit sich selbst in Frieden zu kommen. Es sind auch gesegnete Menschen. So kann ich ihnen anders begegnen.

Unverzweckt und leistungsfrei

Rituale wollen das Bild des Spielerischen und Zweckfreien in uns einprägen. Wir brauchen Rituale, die wir nicht verzwecken. Ich übe das Ritual nicht, um meine psychische Gesundheit zu stabilisieren. Dann würde ich aus dem Ritual eine Leistung machen. Es braucht das Spielerische und Zweckfreie. Ich nehme mir frei, das zu tun, worauf ich gerade Lust habe. Sich der eigenen Lust zu überlassen, scheint zunächst das Gegenteil des Rituals zu sein. Aber ich kann es mir auch zum Ritual machen, mir bewusst etwas zu gönnen. Für mich ist es zum Beispiel ein gutes Ritual, mich, wenn ich von der Arbeit müde bin, wenn mir beim Schreiben nichts mehr einfällt, einfach zehn Minuten auf das Bett zu legen und mir vorzustellen: Ich muss jetzt gar nichts tun. Ich gönne mir einfach, nur dazuliegen, die Schwere der Müdigkeit zu genießen. Ich fühle mich dann frei von allem Druck. Ein anderer geht mit seinem Hund spazieren, wenn er von der Arbeit heimkommt. Manche Führungskräfte haben ein schlechtes Gewissen, wenn andere sie bei dieser zweckfreien Tätigkeit sehen. Sie haben Angst, die anderen könnten sagen: Der hat es gut. Der hat Zeit, mit seinem Hund spazieren zu gehen, offensichtlich hat er nicht sehr viel zu tun. Man muss sich selbst ein Ritual verordnen, um sich diese innere Freiheit und dieses Spielerische im Leben zu gönnen.

Rituale brauchen die innere Freiheit und das Spielerische, damit sie wirklich Spaß machen. Aber sie brauchen auch die Wiederholung. Das entlastet uns von dem Druck, uns täglich entscheiden zu müssen, ob wir dieses Ritual machen oder nicht. Es muss uns in Fleisch und Blut übergehen. Dann wird das Ritual seine wahre Kraft, seine heilende, befreiende und beflügelnde Kraft entfalten.

RITUALE

Das Bild des Sich-Abgrenzens und Sich-Schützens kann durch folgendes Ritual verinnerlicht werden. Dieses Ritual kann ein gutes Abendritual sein. Es kann aber auch vor einer Sitzung geübt werden, um sich vor negativen Einflüssen zu schützen. Ich stelle mich aufrecht hin und verschränke meine Arme über der Brust. Ich schließe gleichsam die Tür und stelle mir vor: In diesen inneren Raum haben jetzt die Menschen, denen ich in der Sitzung begegne, keinen Zutritt. Ich öffne mich emotional diesen Menschen. Aber ich lasse sie nicht in den inneren Raum eindringen. Ich kann dieses Ritual vor einer Sitzung üben und mich dann während der Sitzung immer wieder daran erinnern. Eine Hilfe kann sein, dass ich – ohne dass es die anderen merken – meine Hand entweder auf den Bauch oder die Brust lege oder mit einer Hand die andere berühre. Dann erinnere ich mich: Ich bin jetzt bei mir. Und wenn ich bei mir bin, haben die Menschen keine Macht über mich. Und ich lasse die anderen nicht in meinen innersten Raum eindringen.

Viele Menschen verbrauchen ihre Energie damit, dass sie ihre Schattenseiten unterdrücken. Sie wollen nach außen hin nur als stark und souverän erscheinen. Doch das kostet viel Energie.

Wenn ich am Abend die Gebärde der über der Brust gekreuzten Arme übe, dann stelle ich mir vor: Ich umarme in mir das Starke und das Schwache, das Gesunde und das Kranke, das Erfolgreiche und das Erfolglose, das Gelungene und das Misslungene, das Helle und das Dunkle, das Lebendige und das Erstarrte, die Glut in mir und das Ausgebrannte. Wenn ich mich auf diese Weise selbst umarme, nehme ich mich so an, wie ich bin. Ich spare damit viel Energie ein. Ich bin im Einklang mit mir selbst.

*

Das Bild der Freiheit können wir im Ritual des Wanderns oder des Laufens immer tiefer in uns einprägen. Ich kann mich freigehen oder freilaufen von Kummer, von Sorgen, von dem Druck, der auf mir lastet. Im Laufen spüre ich etwas von der inneren Freiheit und von der Leichtigkeit. Ich lasse etwas hinter mir. Ich gehe mich frei von dem, was mich belastet. Ich lasse es gleichsam abfallen.

Muße und Ruhe –
Erneuerung von Innen

Ganz da sein

Viele, die an Burnout leiden, erleben ihre Zeit als inneren Feind. Die Zeit frisst sie auf. Das ist für die Griechen die typische »Chronos-Zeit«. Es ist die Zeit, die ich nach dem Chronometer messe. Sie reicht nie. In ihr hetze ich von einem Termin zum anderen. Chronos ist die Zeit, die mich auffrisst. Die Griechen kennen jedoch auch einen anderen Ausdruck für Zeit: »kairos = die angenehme Zeit«. Jesus spricht im Evangelium immer von dieser angenehmen Zeit. Ob die Zeit für mich »chronos« oder »kairos« wird, liegt an mir und an meiner Einstellung zur Zeit. Wenn ich ganz im Augenblick bin und mich nicht hetzen lasse, dann ist die Zeit für mich eine angenehme Zeit. Ich muss gar nichts machen, als jetzt in diesem Augenblick ganz präsent zu sein. Ich bin einfach gegenwärtig – ohne Druck, ohne Hetze. Einfach da sein: Das bedeutet nicht, nichts zu tun. Aber ich bin ganz in dem, was ich tue. Dann geht die Arbeit gut von der Hand, ohne dass ich mich unter Druck setze oder an Stress leide.

Damit die Zeit für mich eine angenehme Zeit wird, ist es gut, auf den eigenen Rhythmus zu hören. C. G. Jung meint: Wer im Rhythmus arbeitet, der kann nachhaltiger und effektiver arbeiten. Die Natur hat ihren Rhythmus. Und jeder Mensch hat einen Biorhythmus. Es ist gut, auf diesen inneren Rhythmus zu achten und nicht gegen ihn zu kämpfen. Sonst rauben wir uns die eigene Energie. Der Rhythmus bewahrt unsere Energie im Gleichgewicht. Zum Rhythmus gehört der Wechsel von Gebet und Arbeit, von Ruhe und Aktivität, von Muße und Einsatz für die Menschen.

Ein Bankdirektor erzählte mir von Sitzungen, die zehn Stunden lang dauern, ohne richtige Pausen. Bei einer Sitzung, die zehn Stunden dauert, kommen nur Aggressionen heraus. Man hat zwar viel gearbeitet, aber es kommt nichts dabei heraus. Man braucht dann nochmals viel Zeit, um die Aggressionen wieder abzubauen. Wer richtige Pausen macht, wird kreativer. Er wird immer wieder mit seiner inneren Quelle in Berührung kommen. Und es werden ihm neue Ideen kommen, die bei einer zehnstündigen Konzentration nicht auftauchen werden.

Muße ist nicht Müßiggang

Die griechischen und römischen Philosophen haben das Lob der Muße gesungen. Die Muße ist die freie Zeit der Ruhe. Sie meint aber nicht den Müßiggang, bei dem man nicht weiß, was man anfangen soll. Müßiggang – so sagt das Sprichwort – ist aller Laster Anfang. Der hl. Benedikt warnt seine Mönche vor dem Müßiggang, denn er nimmt den Mönchen die richtige Spannung, die Ausrichtung auf Gott hin. Gegenüber dem leeren Müßiggang ist die Muße jedoch die Zeit, über die wesentlichen Dinge des Lebens nachzudenken. Die Lateiner nennen die Muße »otium«.

Die Arbeit ist die Verneinung, die Negierung der Muße: »neg-otium«. Die Griechen nennen die Muße »schole«. Davon kommt unser deutsches Wort »Schule«. Die Wurzel dazu ist »echein = innehalten«. Die Muße ist der Ort, innezuhalten, um im Inneren Halt zu finden. Wer ausgebrannt oder erschöpft ist, hat seine innere Mitte verloren, er hat keinen inneren Halt, an dem er sich festhalten kann. In der Muße geht es darum, in seiner Tätigkeit anzuhalten, nach innen zu gelangen und sich dort aufzuhalten. Das mittelhochdeutsche Wort »haltaere« bezeichnet auch den Hirten, den Bewahrer, den Empfänger und den Erlöser. Wenn ich in meinem Inneren Halt finde, dann bewahre ich mein wahres Selbst. Ich werde zum Hirten meiner selbst. Dann löst sich all das, was mich gefangen hält. Ich fühle mich frei. Ich empfange mich gleichsam neu. Ich werde neu geboren.

Wer in Gefahr ist, auszubrennen, soll sich beizeiten immer wieder Muße gönnen. In der Muße gehe ich nach innen. Und ich erlaube mir, jetzt einmal nichts zu tun. Ich denke nicht an den Druck, den ich bei der Arbeit oder in Beziehungen spüre. Ich gönne mir die freie Zeit. Ich schaue nach innen und finde dort Halt und Geborgenheit. Ich erneuere mich, indem ich nach innen gehe und dort meinem wahren Selbst auf die Spur komme.

RITUAL

Nimm dir ein paar Augenblicke Zeit. Stelle dir vor: Ich muss jetzt gar nichts tun. Ich bin einfach ganz im Augenblick. Dieser Augenblick gehört mir. Ich lebe darin. Und wenn ich jetzt wieder an die Arbeit gehe, dann versuche ich auch, ganz im Augenblick zu sein, ganz in dem Gespräch, das ich gerade führe, ganz im Schreiben der Mails, ganz beim Telefonieren. Ich lasse mich weder beim Gespräch, noch beim Schreiben, noch beim Telefonieren unter Druck setzen. Ich wende mich ganz dem Augenblick zu. Probiere das immer wieder aus. Du wirst spüren, dass du nicht in Druck gerätst, dass die Zeit dich nicht auffrisst, sondern dass es eine angenehme Zeit ist. Du tust eins nach dem anderen und denkst beim einen nicht schon an das nächste.

Den Flow beflügeln

Fokussierung und Abwechslung

Wie komme ich nun bei meiner Arbeit in den Fluss? Mihaly Csikszentmihalyi meint, das Fokussieren auf die Arbeit, die ich jetzt tue, sei ein Weg, das Flowgefühl zu bekommen. Allerdings gehört für ihn etwas Zweites dazu: die Abwechslung. Man kann sich nicht dauernd auf das Gleiche fokussieren. Dabei gerät man in einen inneren Käfig. Er meint: »Es gibt so viele Menschen, die sehr hart arbeiten, die fleißig, gewissenhaft und verantwortungsbewusst sind, aber sie leben ständig in der Angst, etwas falsch zu machen und befinden sich daher dauernd in der Defensive und in einer angespannten Haltung, die es ihnen letztlich unmöglich macht, wirklich kreativ zu sein. Denn das ist auch eine Fähigkeit, die man braucht, um im Leben spielerisch zu sein: den Mut zu haben, Dinge anders anzugehen, als bisher vorgesehen war.« (S. 63)

Sich dem Tun überlassen

Heute spricht die Stressforschung von der Work-life-balance, von dem notwendigen Wechsel von Bewegung und Ruhe. Die frühen Mönche vor 1650 Jahren wussten das auch. Für sie war das Fließen der Arbeit ein Zeichen einer guten Spiritualität. Vom Altvater Antonius, dem Begründer des Mönchtums, wird erzählt, dass er einige Stunden lang Körbe flocht. Und die Arbeit ging ihm ganz leicht von der Hand. Ein anderer Mönch, der ihm zusah, meinte: »Von deinen Händen geht eine große Kraft aus.« Die Bedingung, dass die Arbeit einfach strömte, war die innere Freiheit vom eigenen Ego. Er wollte damit nicht eine bestimmte Leistung erbringen, er wollte auch nicht andere Mönche mit seiner Leistung übertrumpfen. Er überließ sich einfach der Arbeit und betete dabei das Jesusgebet. Es war ein meditatives Tun. Zwar meint dies weniger das kreative Tun, von dem Csikszentmihalyi schreibt, aber Antonios sah seine Arbeit als Einübung in die innere Freiheit vom Ego. Er überließ sich einfach dem Tun. Wenn wir ständig auf die anderen schauen, die unser Tun beurteilen, oder wenn wir uns selbst bei unserer Arbeit bewerten, dann fließt die Arbeit nicht. Und dann verbrauchen wir viel Energie, um über die Beurteilung unserer Arbeit nachzudenken.

Ein gesunder Rhythmus

Und es ist noch eine zweite Bedingung, die uns Antonios zeigt, damit wir selbst bei der Arbeit in Fluss kommen. Es ist der gesunde Rhythmus. Antonios wechselt ab zwischen Gebet und Arbeit, zwischen Meditation und dem Tun. Er musste diese Methode auch erst lernen. In einer Erzählung heißt es, dass Antonios einmal in verdrießlicher Stimmung und mit düsteren Gedanken in der Wüste saß. Da sah er in seiner Nähe einen anderen Mönch, der ihm glich. »Er saß da und arbeitete, stand dann von der Arbeit auf und betete, setzte sich wieder und flocht an seinem Seil, erhob sich dann abermals zum Beten. Und siehe, es war ein Engel des Herrn, der gesandt war, Antonios Belehrung und Sicherheit zu geben. Und er hörte den Engel sprechen: ›Mach es so und du wirst das Heil erlangen.‹ Als er das hörte, wurde er von großer Freude und mit Mut erfüllt und durch solches Tun fand er Rettung.« (Apophthegma 1) Als Antonios immer die gleiche Arbeit tat und sich dabei unter Druck setzte, geriet er in eine düstere innere Stimmung. Dann fühlte er sich ausgebrannt und unzufrieden. Doch als er zwischen Sitzen und Stehen, zwischen Beten und Arbeiten abwechselte, als er dem inneren Rhythmus seiner Seele folgte, wurde er mit Freude erfüllt. Da machte ihm die Arbeit Spaß. Dann war er kreativ bei der Arbeit. Die Mönche haben diese Erfahrung in die Worte gekleidet: »Alles Übermaß ist von den Dämonen.« Übermäßig zu arbeiten ist genauso schädlich wie übermäßig zu beten. Es geht um den richtigen Ausgleich, und es geht um den guten Rhythmus. Die Natur ist unerschöpflich, weil in ihr alles Werden und Vergehen in einem gesunden Rhythmus verläuft.

Es geht aber nicht nur um den richtigen Rhythmus im Sinne einer ausgeglichenen Zeitabfolge. Durch das Gebet und die Meditation kam Antonios vielmehr in Berührung mit der inneren Quelle. Das ist der Sinn von »ora et labora«: dass wir nicht nur eine gute Abwechslung zwischen beiden Bereichen leben, sondern dass wir im Gebet an die innere Quelle angeschlossen werden, aus der wir dann in der Arbeit schöpfen können, ohne erschöpft zu werden. Nicht für jeden Manager oder Unternehmer, nicht für jeden Arbeitnehmer und für jede Angestellte wird das Gebet der Weg zur inneren Quelle sein. Aber jeder hat diese unerschöpfliche Quelle in sich. Es kommt nur darauf an, Wege zu finden, mit dieser Quelle in Berührung zu kommen und aus dieser Quelle zu schöpfen.

Fünf Wege zur inneren Kraftquelle

Im Folgenden möchte ich fünf Wege beschreiben, auf denen Menschen heute mit ihrer inneren Quelle in Berührung kommen können. Der Weg zur inneren Quelle schützt sie vor der Erschöpfung und vor dem Ausbrennen. Ich konzentriere mich dabei auf fünf Wege, obwohl es für Einzelne noch weitere geben mag. All diesen beschriebenen Wegen ist gemeinsam, dass sie zur inneren Ruhe führen.

Die bergende Lebenskraft der Natur

Viele kommen in der Natur mit ihrer inneren Quelle in Berührung. Warum? Für mich hat das vor allem zwei Gründe. Zum einen erlebe ich die Lebenskraft der Natur. Die ganze Schöpfung ist durchdrungen vom Geist Gottes, von einer unbändigen Lebenskraft. Wenn wir im Frühling durch die Wiesen und Felder und Wälder wandern, dann strömt uns von überall Lebendigkeit entgegen. Diese Lebendigkeit, diese Lebenskraft, die die Natur zum Blühen bringt, ist auch in uns. Indem wir bewusst durch die Natur wandern, haben wir Anteil an dieser Lebenskraft. Wir spüren, dass wir nicht ausgebrannt oder innerlich vertrocknet sind. Dieses Leben, das wir um uns herum sehen, regt sich auch in uns. Die Sonne, die uns bescheint, bringt uns in Berührung mit der inneren Glut. Der Wind treibt alle Müdigkeit und alles Verstaubte aus uns heraus. Das Wasser des Flusses oder des Sees, an den wir uns setzen, wirkt heilend und belebend auf uns. Ich kenne viele Menschen, die das Sitzen an einem See erfrischt. Sie schauen auf die Stille des Wassers und kommen mit ihrer eigenen Seele in Berührung. Unser Wort Seele hängt ja mit dem Wort See herkunftsmäßig zusammen. Menschen beobachten die Wellen und haben das Gefühl, dass sie alles Trübe in ihnen reinigen. Das Wasser wirkt beruhigend auf sie. Aber es birgt auch die Verheißung, dass auch in ihnen ein Wasserstrom ist, der nie versiegt, weil er aus der Unendlichkeit Gottes kommt.

Einen zweiten Grund, warum Menschen in der Natur mit ihrer inneren Quelle in Berührung kommen, sehe ich darin, dass die Natur nicht bewertet. Bei vielen Gesprächen erlebe ich, dass die meisten Menschen alles, was sie in sich spüren, was sie denken, was sie tun, bewerten. Sie sprechen von ihrer Angst. Sofort bewerten sie die Angst als krankhaft. Sie sprechen von ihrem Burnout und von ihren depressiven Gefühlen. Und sofort bewerten sie das als krankhaft, oder sie verurteilen sich deswegen. Sie sagen: »Eigentlich hätte ich gar keinen Grund, erschöpft zu sein. Ich habe eine gute Familie, und auch meine Arbeit macht mir eigentlich Spaß. Ich weiß gar nicht, woher mein Burnout kommt. Vielleicht bin ich zu schwach. Vielleicht habe ich zuviel verdrängt.« Und je mehr sie in sich selbst nach Ursachen bohren und je mehr sie ihre Erschöpfung bewerten, desto fester klebt sie an ihnen, desto weniger werden sie frei davon. Alles, was ich in mir abwerte, bleibt an mir hängen.

Die Natur bewertet nicht. Da darf ich einfach sein, wie ich bin. Und so kann ich ausruhen und mit meiner inneren Quelle in Berührung kommen. Wenn ich jedoch auf einer Bank am Waldrand sitze und dabei ständig nachgrüble, was ich alles verkehrt gemacht habe und warum ich in diesen schlimmen Zustand geraten bin, dann werde ich mich nicht erholen. Ich schneide mich selbst durch mein Bewerten und Beurteilen von meiner inneren Quelle ab. Ich kann mich aber auch auf die Bank setzen und einfach die Natur genießen: den Wind spüren, der um mein Gesicht streicht, mich zärtlich streichelt, die Sonne fühlen, die mich bescheint, das Zirpen der Grillen hören und das Singen der Vögel. Dann fühle ich mich geborgen. Die Natur hat etwas Mütterliches. Ich fühle mich von der Mutter Natur getragen, geborgen und genährt.

Für viele ist es heilsam, sich in der Natur einfach ruhig niederzulassen und das Leben um sich herum zu genießen. Andere dagegen kommen mit ihrer Quelle in Berührung, wenn sie in der Natur wandern oder wenn sie bergsteigen. Dabei strengen sie sich an. Sie wandern lange, sie schwitzen beim Bergsteigen. Man könnte meinen, die Anstrengung würde sie eher erschöpfen. Aber es entsteht eine gute Müdigkeit, in der sie sich selbst spüren. Und in dieser Müdigkeit vergessen sie die innere Zerrissenheit, die das Kennzeichen eines Burnout ist. Sie spüren sich selbst. Und wenn sie sich selbst spüren, wenn sie sich im Leib spüren und die Müdigkeit genießen, dann fühlen sie sich trotz aller Müdigkeit innerlich erfrischt. Sie kommen in Berührung mit ihrer inneren Quelle. Und sie fühlen sich auf einmal eins mit sich selbst, eins mit der Natur um sie herum, eins mit den Mitwanderern und Mitbergsteigern. Eine ähnliche Erfahrung ist übrigens auch bei der Gartenarbeit möglich.

Lösende Macht der Musik

Für mich ist auch die Musik ein guter Weg, mit meiner inneren Quelle in Berührung zu kommen. Wenn ich Musik höre, kann ich alles um mich herum vergessen: meine Sorgen und Probleme, die Arbeit und die Frage, ob meine Entscheidung richtig war oder nicht. Ich lasse mich in die Musik hineinfallen. Dann spüre ich, dass die Musik mich in neue Räume meines Leibes und meiner Seele hineinführt. Der hl. Augustinus meint sogar, dass die Musik uns in das innerste Seelenhaus führt, in den inneren Grund – in der Sprache der hl. Teresa von Avila: in das innerste Gemach unserer Seelenburg. Dort erklingt die Musik und bringt meine eigene Seele zum Klingen. Alles Erstarrte bricht auf und gerät in Schwingung. Blockaden lösen sich und alles klingt in mir zusammen: das Fröhliche und das Düstere, das Helle und das Dunkle, das Laute und das Leise, das Schnelle und das Langsame, die Dissonanzen und Konsonanzen. Die Musik bringt das Erstarrte in mir wieder in Bewegung, in Schwingung.

Noch besser ist es, wenn ich selbst Musik mache, wenn ich ein Musikinstrument spiele oder singe. Viele können ihre inneren Sorgen beim Klavierspiel oder beim Cellospielen vergessen. Sie überlassen sich ganz der Musik. So löst der Klang der Musik das Hartgewordene in ihrer

Seele auf. Das gilt vor allem vom Singen. Viele, die im Chor singen, erzählen mir, dass sie von der Chorprobe beschwingt und erfrischt nach Hause gehen. Das Singen hat sie in Berührung gebracht mit ihrer inneren Quelle. Und diese Quelle ist nach dem hl. Augustinus eine Quelle der Freude und der Liebe. Augustinus meint: Wer singt, der singt auch freudig. Das griechische Wort«choros« kommt von »chara«, der Freude. In uns ist eine Quelle der Freude. Aber durch die Enttäuschungen und Probleme bei der Arbeit sind wir oft abgeschnitten von dieser Quelle der Freude. Durch das Singen steigt die Quelle gleichsam vom Seelengrund auf und durchdringt unser Bewusstsein, so dass wir sie auch im emotionalen Bereich spüren können. Und die innere Quelle ist eine Quelle der Liebe. Vom hl. Augustinus stammt das berühmte Wort: »Cantare amantis est.« Man kann es so übersetzen: »Wer liebt, der singt auch gerne. Die Liebe drückt sich gerne im Singen aus.« Man kann es aber auch anders übersetzen: »Wer singt, der kommt in Berührung mit der Quelle der Liebe, die auf dem Grund seiner Seele in ihm strömt.« Wer im Singen mit seiner Quelle der Freude und der Liebe in Berührung gekommen ist, der kann dann auch in seiner Arbeit aus dieser Quelle heraus schöpfen.

Manche singen auch bei der Arbeit. Gerade bei einfachen Tätigkeiten singen sie und sind ganz beschwingt dabei. Das Singen zeigt, dass sie bei ihrer Arbeit im Fluss sind. Es macht ihnen Spaß. Ich kenne eine Frau, die beim Spülen gerne singt. Dann ist für sie das Spülen keine lästige Arbeit, über die sie sich ärgert, weil sie sich zu Höherem berufen fühlt. Sie kann sich auf dieses einfache Tun einlassen, weil das Singen sie im Fluss hält. Ein Malermeister singt gerne, während er die Wände anstreicht. Auch da spürt man, dass ihm die Arbeit Spaß macht. Er geht kreativ damit um. Er nimmt sie leicht. Das heißt nicht, dass er schlampig arbeitet, im Gegenteil: Das Singen lässt ihn ganz bei der Sache sein.

Die heilsame Kraft der Stille

Für andere ist die Stille ein wichtiger Ort, an dem sie mit ihrer inneren Quelle in Berührung kommen. »Stille« kommt von »stellen, stehen bleiben«. Die Mutter stillt das Kind. Wenn wir still werden, dann taucht unser Durst und unser innerer Hunger in uns auf. Aber die Stille vermag diesen Durst auch zu stillen. Die Stille ist uns vorgegeben. Wir tauchen in einen Raum der Stille ein. Eine Kirche kann ein Ort gebauter Stille sein. Die Natur ist still. Wenn Stille uns umgibt, so erleben wir es als heilsam. Damit wir die Stille genießen können, die uns umgibt, müssen wir selbst still werden. Dieses Stillwerden ist das Schweigen. Schweigen heißt: seinen Mund halten, aber auch: seine Gedanken zum Schweigen zu bringen.

Stille und Schweigen erfahren viele Menschen als heilsam. Sie verstehen das berühmte Wort des dänischen Religionsphilosophen Sören Kierkegaard: »Der heutige Zustand der Welt, das ganze Leben ist krank. Wenn ich Arzt wäre und man fragte mich: Was rätst du? – Ich würde antworten: Schafft Schweigen!« Gerade in der Arbeit müssen wir ja oft ständig reden und mit anderen kommunizieren, und alles um uns herum redet. Es gibt einen permanenten Schwall der Kommunikation in Mails, Telefonaten, Twitter- und anderen Nachrichten. Da sehnen wir uns nach Räumen der Stille. Der indische Philosoph Rabindranath Tagore meint, die vielen Worte würden uns oft verschmutzen. Wir bräuchten gleichsam ein Bad im Schweigen, damit wir innerlich erfrischt werden: »Der Staub der toten Worte haftet an dir; bade deine Seele im Schweigen.«

Ich genieße, wenn ich im Urlaub in einem Wald stehen bleibe und kein einziges Motorengeräusch höre, weder einen Traktor, noch eine Motorsäge, noch ein Flugzeug oder Auto in der Nähe. Das sind Augenblicke von Reinheit und Klarheit. Ich horche dann auf die Stille. Und ich spüre, wie mir das gut tut. In dieser Stille, die mich umgibt, kommen auch die inneren Turbulenzen zum Schweigen. Dann fühle ich mich nicht unter Druck. Ich bin frei und ich fühle mich innerlich erfrischt, gebadet gleichsam vom Schweigen.

Bejahung des Daseins in Fest und Feier

Nicht jedem liegt die Stille. Für andere ist ein Fest oder eine gemeinsame Feier, die sie zu ihrem Geburtstag oder zu einem Jubiläum veranstalten, ein guter Weg, um mit ihrer Quelle in Berührung zu kommen. Das Fest erhebt uns innerlich. Es verbindet uns mit anderen und ist Ausdruck der Bejahung unseres Daseins. Das Fest ist – so sagt der deutsche Philosoph Joseph Pieper – immer Zustimmung zum Leben. Es schenkt uns Lebensfreude. Es zeigt uns, dass unser Leben wertvoll und sinnvoll ist. Und am Fest gehen wir auf andere Weise, auf festliche Weise, miteinander um. Wir achten einander. Wir bewerten nicht. Wir freuen uns aneinander. Gerade wenn wir ein gelungenes Geburtstagsfest gefeiert haben, fühlen wir uns wie neu geboren. Wir wurden gesehen, wahrgenommen, gewürdigt, gelobt. Man hat uns viele gute Wünsche gesagt. Das war nicht nur äußerlich, bei vielen kam es von Herzen. So ein Fest erfrischt uns. Manche, die an Burnout leiden, meinen, sie dürften sich den Festgästen nicht zumuten. Doch gerade, wenn ich mich nicht so gut fühle, soll ich es mir gönnen, ein Fest mit anderen zu feiern, mich und meine Sorgen einmal zu vergessen und dankbar das Fest zu feiern, dass ich lebe, dass ich in meinem Leben schon so viel erreicht habe, dass ich viele Freunde habe und dass ich dankbar zurückschauen kann auf das, was war.

Die heilende Kraft des Gesprächs

Manche, die an Burnout leiden, behalten das für sich und schotten sich ab. Sie schämen sich, ihr inneres Elend vor anderen zuzugeben. So versuchen sie, es nach außen hin zu verbergen. Doch das ist anstrengend. Und es kostet viel Energie. Dabei haben diese Menschen immer auch die Angst, die anderen könnten es doch wahrnehmen. Wer sich in seinem Zustand vor anderen verschließt, macht es aber nur noch schlimmer. Da ist es befreiend, wenn ich mit einem Freund, einer Freundin oder auch mit einem Seelsorger oder einem Therapeuten sprechen kann. Ich kann einfach erzählen, wie es mir geht. Der andere hört mir zu, ohne das, was ich sage, zu bewerten. Er fragt nach, er interessiert sich für mich. Er erschrickt nicht über das, was ich sage. Für ihn ist es ganz normal. Und so verliert es auch für mich das Erschreckende. Es ist eine normale Erfahrung, die ich da durchmache, die viele andere auch kennen. Das entlastet mich von meinen Selbstvorwürfen und Selbstbeschuldigungen.

Schon die frühen Mönche haben das Gespräch als wichtigen Weg der Heilung gepriesen. Der hl. Benedikt empfiehlt seinen Mönchen, die geheimen Gedanken und Gefühle dem Abt zu offenbaren. Benedikt begründet das mit einem Schriftwort: »Eröffne dem Herrn deinen Weg, und vertrau auf ihn!« (RB 7,45 = Ps 37,5) Wenn ich offen über meine Gedanken und Gefühle spreche, dann verliert – so sagen die Mönche – die innere Schlange ihre Kraft. Sie wird gleichsam nach außen geworfen und verschwindet. Solange ich meine Gedanken über meine Erschöpfung für mich behalte, werden sie immer schlimmer. Ich grüble nach und komme doch nicht weiter. Im Sprechen bekommt das innere Durcheinander eine innere Ordnung und Richtung. Ich erkenne einen Weg, wie ich weitergehen kann. Und vor allem fühle ich mich innerlich erleichtert. Ich muss meine Energie nicht mehr damit verschwenden, alles zurückzuhalten. Ich habe mein Herz geöffnet und bin nicht verurteilt worden. Im Gegenteil, der andere versteht mich, nimmt mich so an, wie ich bin, damit auch ich damit aufhöre, mich weiterhin zu verurteilen.

Wie Flow zum Segen wird:
Werte und Beziehung

Zum Fließen kann man durchaus auch bei bösen oder destruktiven Handlungen kommen. Wir wissen: Es gibt auch den Rausch der Gewalt und den Sog des Bösen. Csikszentmihalyi warnt eindringlich davor, dass Flow auch missbraucht werden kann. Wenn Firmen damit werben, dass man sich ganz und gar in die Arbeit einbringen soll, denn dann erlebe man Flow, so steckt darin auch eine Gefahr. »Das kann auch dazu führen, dass man Menschen auffordert, mit vollem Einsatz zu arbeiten, um sich selbst keine Sorge zu tragen, sondern immer nur das Wohl des gesamten Betriebs vor Augen zu haben, was dann aber sehr schnell ins Gegenteil umschlagen kann.« (S. 84)

Wir müssen uns also immer vor zu großen Worten hüten. Wenn wir das »Flow-Gefühl« allzu sehr anpreisen, dann gewinnen wir die Menschen zwar für unsere Sache, aber nicht auf Dauer: Sie spüren, dass sie nur dazu benutzt werden, sich rückhaltlos für die Firma einzusetzen, aber sie erfahren keine wirkliche Würdigung ihrer selbst. Es entsteht eine Art von Suggestion, die einige Menschen ansteckt und sie vielleicht zu Höchstleistungen antreibt. Aber wer kein Gleichgewicht zwischen der Faszination für die Arbeit und seinem persönlichen Lebensbereich hat, der wird durch das Flow-Gefühl missbraucht. Und irgendwann reagiert er auf diesen emotionalen Missbrauch mit Burnout.

Eine andere Gefahr besteht darin, dass Flow süchtig machen kann. Man stürzt sich leidenschaftlich in die Arbeit und kommt dort ins Fließen. Aber man versinkt darin und vergisst dabei sich selbst, seine Umgebung, seinen Partner oder seine Partnerin und die eigene Familie. Daher braucht es immer das richtige Maß und die Vielfalt des Lebens, damit wir nicht vor dem Leben ausweichen und uns nur in die Arbeit stürzen.

Damit Flow zum Segen wird, muss er mit Werten verbunden sein. Es muss sinnvoll sein, was ich tue. Und es muss den Werten entsprechen, die unser Tun wertvoll machen. Eine Firma, die den Flow ausnützt, um Mitarbeiter arbeitssüchtig zu machen, zerstört Menschen. Nur dort, wo die Firma auch die echten Werte lebt – Gerechtigkeit, Tapferkeit, das rechte Maß, Klugheit –, wird der Flow zum Segen werden. Andernfalls – wenn diese Werte nicht mehr zählen und Leistung nur instrumentalisiert wird – werden Menschen durch den Flow ausgebeutet.

Und noch etwas ist für den Flow wichtig: die soziale Komponente. Wichtig ist, dass wir für uns selbst sorgen, uns aber zugleich immer auch als Mensch verstehen, der in Beziehungen lebt. So soll der Mensch nach Csikszentmihalyi aussehen: »Der neue Mensch, wie ich ihn mir wünsche, ist ein Mensch, der sich als ein Teil eines universellen Systems versteht und nicht nur als Individuum. Wir sind verbunden mit der ganzen Welt – ich wünsche mir einen bescheidenen und sensiblen Menschen, der aus diesem Gefühl der Verbundenheit heraus als Individuum handelt und sich selbstverständlich dabei auch als solches verwirklicht. Er ist einmalig, aber als Teil von etwas sehr viel Größerem.« (S. 72)

Hierin liegt die spirituelle Dimension unseres Themas: Wir sind Geschöpfe Gottes und Teil der Schöpfung. Wir sind für die Schöpfung verantwortlich, aber auch für alle Menschen dieser Welt, mit denen wir uns im Tiefsten eins fühlen. So hat es der Apostel Paulus gesehen, wenn er im Hebräerbrief schreibt: »Er, der heiligt, und sie, die geheiligt werden, stammen alle von Einem ab. Darum scheut er sich nicht, sie Brüder zu nennen.« (Hebr 2,11) Wir sind alle in der Tiefe eins. Wir stammen alle aus Gott. Und auch Christus hat diese gleiche Wurzel. Daher ist unsere menschliche Gemeinschaft im Tiefsten geheiligt. Und unsere Aufgabe ist es, das Heilige in uns selbst und in den Menschen zu schützen. Das Heilige ist das, was der Welt entzogen ist. Wenn wir die Arbeit und das Geld als höchsten Wert ansehen, verraten wir das Heilige im Menschen, dann beuten wir sie aus. Wenn wir jedoch von dem Heiligen in jedem Einzelnen und in der menschlichen Gemeinschaft wissen, dann werden wir zum Segen für sie. Und dann können wir uns für sie alle einsetzen, ohne das Heilige in uns selbst zu verraten.

Die Werte beflügeln den Flow. Wenn ich weiß, dass ich mich für etwas Wertvolles einsetze, dann tue ich es gern, dann bin ich innerlich motiviert. Aber die Werte beflügeln nicht nur, sie verbinden mich auch mit der Tiefe. Sie sind auch Quellen, aus denen ich schöpfen kann. Die Lateiner nennen die Werte »virtutes«. Das könnte man mit »Kraftquellen« übersetzen. Die Werte sind Kraftquellen, aus

denen mir Kraft zuströmt. Wenn in einer Firma ungerechte Strukturen herrschen, dann gibt es Reibungsverluste: Die Mitarbeiter sind unzufrieden, man kämpft
gegeneinander oder kämpft um seine Rechte. Gerechtigkeit heißt nach Platon auch, seinem eigenen Wert gerecht
werden. Wenn ich meinem eigenen Wert gerecht werde,
werde ich auch dem Wert des anderen gerecht. Ich schätze
ihn mit seinen Werten, ich fördere ihn. Wenn ich mir meines eigenen Wertes nicht bewusst bin, dann muss ich
andere ständig entwerten. Psychologen sagen, dass 40
Prozent des Potenzials in einer Firma durch ungerechte
Strukturen und Entwertungen der Mitarbeiter vergeudet
werden. Diese 40 Prozent sollte man zuerst einmal positiv
nutzen, bevor man die Mitarbeiter zu mehr Leistung
antreibt.

Werte haben immer auch mit Wertschätzung zu tun. Wer
Werte lebt, der schützt die Würde des anderen, der zeigt
ihm immer auch seine Wertschätzung. Und dass Wertschätzung die Mitarbeiter beflügelt, ist eine alte Erfah-
rungstatsache. Wenn die anderen meinen Wert sehen und
anerkennen, dann stärkt mich das und spornt mich an,
etwas Wertvolles zu tun.

Schluss

Wir haben über die Bilder und Visionen nachgedacht, die unser Leben aus der Erstarrung zum Fließen bringen. Der ungarische Psychologe Mihaly Csikszentmihalyi hat uns dabei begleitet. Er warnt allerdings auch immer wieder vor Übersteigerungen: Wir sollten aus dem »Flow« keine Ideologie zu machen. Um in der Sprache der Bilder zu bleiben: Es ist schön, wenn unser Leben fließt, wenn wir getragen sind von einem Strömen, wenn alles, was wir tun, einfach aus uns herausfließt. Aber genauso schön wie ein strömender Fluss ist auch ein stiller See, der bewegungslos ist. Da ist keine Sterilität und kein unfruchtbarer Stillstand. Vielmehr sind wir fasziniert, wenn die vom Wind bewegten oder von einem Sturm aufgeregten Wellen zur Ruhe kommen und der See stillsteht. Ruhe und Bewegung: Beides ist wichtig in unserem Leben. Was unsere Arbeit angeht, so ist es gut, wenn sie aus uns herausfließt. Bilder, die wir in uns tragen und aktivieren, sind eine wichtige Hilfe dabei, dass die Energie in uns zum Fließen kommt. Aber genauso dringend haben wir Phasen der Stille nötig. Wenn alles in uns stillsteht, werden wir mit unserer Wahrheit konfrontiert.

In der Überlieferung des frühen Mönchtums gibt es eine schöne Geschichte von drei Studenten. Alle drei beschließen, Mönche zu werden, und jeder nimmt sich voller Begeisterung ein gutes Werk vor. Der eine möchte

Streitende zum Frieden führen, der andere nimmt sich vor, Kranke zu besuchen, und der dritte geht in die Wüste, um dort in Ruhe zu leben. Und was war ihre Erfahrung? Die beiden ersten Mönche kamen durchaus in Fluss mit ihrer Arbeit, denn es war eine sinnvolle Arbeit. Aber dann spürten sie, dass sie nicht alle Streitenden heilen und nicht alle Kranken besuchen und trösten konnten. So gingen sie in ihrer bedrückten Stimmung zum dritten Mönch, der in der Wüste lebte. Sie erzählten ihm ihre Nöte. Der hörte sie an, ohne ihnen Ratschläge zu erteilen. Er goss vielmehr Wasser in ein Gefäß und sagte, sie sollten hineinschauen. Sie taten es, doch das Wasser war noch ganz unruhig, und sie sahen nichts darin. Als das Wasser aber ruhig geworden war, sahen sie nochmals hinein und erblickten sich selbst wie in einem Spiegel.

Was die alte Geschichte uns Heutigen sagt: Sich selbst in seiner eigenen Wahrheit erkennen, ist genauso wichtig wie das Fließen der Lebensenergie. Ohne diese Begegnung mit unserer eigenen Wahrheit wird der Flow – wie der ungarische Psychologe sagt – zu einer Flucht vor der eigenen Wahrheit. So brauchen wir immer beide Pole: das Stillstehen und das Fließen, die Stille und das Gespräch, das Gebet und die Arbeit. Und wir brauchen für beides gute Bilder. Der dritte Mönch hatte ein schönes Bild für die Stille: das Bild des ruhenden Wassers. In diesem Buch haben wir in erster Linie die Bilder angeschaut, die unser Leben zum Fließen bringen. Wir brauchen Bilder für die beiden Pole, die sich in uns einbilden. Beide hängen auch innerlich zusammen: Das Bild der Stille bringt uns in Berührung mit der Quelle. Und das Bild des Fließens lässt die Quelle hineinströmen in unsere Arbeit und in unsere Lebensvollzüge.

Wir haben Bilder von anderen Menschen angeschaut. Doch jeder trägt in sich selbst Bilder, krankmachende und lähmende, aber auch belebende und zum Fließen bringende Bilder. Ich möchte mit diesen Anregungen den Lesern und Leserinnen keine fremden Bilder überstülpen, sondern ihnen Mut machen und sie dazu anregen, dass sie in der eigenen Seele Bilder entdecken, die sie mit ihrer inneren Quelle in Berührung bringen.

Ich wünsche Ihnen, liebe Leserin, lieber Leser, dass Sie für Ihre Arbeit nicht nur mühevolle Bilder finden, sondern leichte und spielerische Bilder. Csikszentmihalyi hat ja festgestellt, dass nur der, der seine Arbeit auch im Bild des Spiels sehen kann, dabei ins Fließen kommt.

So wünsche ich Ihnen auch, dass Sie alles, was sie tun und was Sie erleben, mit einer inneren Leichtigkeit und Freude tun, dass Sie sich so auf die Arbeit und auf das Leben einlassen können, dass Sie in Fluss kommen und dass der Fluss Ihres Lebens und Wirkens für Sie selbst und für die Menschen zum Segen wird. Nur wenn Sie auch frei sind von der Fixierung auf das Flow-Gefuhl, nur wenn Ihr Leben einfach fließt, weil Sie in Beziehung zu Ihrer Arbeit und zu den Menschen sind, für die Sie arbeiten, und nur, wenn Sie in Berührung mit Gottes Geist sind, der Sie mit immer neuer Energie beschenkt, werden Sie für diese Welt zum Segen werden. Möge von Ihnen reichlich Segen fließen und die Menschen in Ihrer Umgebung beflügeln.

Literatur

Rudolf Backofen, Tao te King / Laotse, Text und Einführung von R. Backofen, München 1975.

Mihaly Csikszentmihalyi, Flow – der Weg zum Glück. Der Entdecker des Flow-Prinzips erklärt seine Lebensphilosophie, Freiburg 2010.

Walter Grundmann, Das Evangelium nach Matthäus, Berlin 1968.

Heinrich Quiring, Heraklit. Worte tönen durch Jahrtausende, Berlin 1959.